视听拾碎

李静方 著

文汇出版社

目 录

空间,另一种"时间"的收纳/南妮 …… 001

生活杂说

臭伎俩,鬼智慧 …… 007
此刻,谁醒? …… 009
但闻火锅香 …… 013
都市随想 …… 015
行走与影子 …… 017
话说陈村 …… 031
冷水一杯泼向谁? …… 033
天依旧蓝得很空很空 …… 036
流行的日历 …… 039
妹夫 …… 043
天下"名"为何物? …… 045
他们 …… 048

音乐感怀

再听Bindu的《太阳女神》 …… 051
巴赫的辉煌 …… 053
德里小调四百年 …… 055
《世界民谣》和QUINK演唱组 …… 057
苏珊·希雅妮的钢琴声 …… 059
听贝多芬《第七交响乐》 …… 063
小提琴大师帕尔曼 …… 065
杰姆海拉的钢琴声 …… 067
巧合 …… 069
琴声未尽 …… 071
香缇克利尔男声合唱团 …… 073
由芭托莉演唱想到的 …… 077
重听Cohen …… 080
夜行 …… 083

画中索味

查国钧画展印象 …… 087
创作与命题 …… 090
不再动情 …… 100
丁乙的特殊绘画语言 …… 102
序《飞者非鸟、潜者非鱼》…… 104
"壳"的世界 …… 107
观察与处境 …… 111
行中画 …… 120
看看米罗 …… 123
汪大伟的《读画随录》…… 125
一路走来 …… 127
李坚和他的画 …… 136
秦一峰的"明式素工圆方形制"和"线场"系列 …… 140
画家韩和平 …… 149
看马丁画画 …… 151
周南的劳什子 …… 153
又一次开始 …… 156
也许是无中生有 …… 158
善意、肉身与视界 …… 173
付铭的画 …… 181
俞晓夫的画 …… 183
来自心灵的渴望 …… 186
关于具象实验工作室 …… 189
深秋 …… 198

文选读评

读《灵地的缅想》题外话 …… 201
故事之外 …… 204
读张烨的诗《特洛伊木马》…… 206
关于诗集《主观世界》…… 208
南妮和她的梦 …… 212
囚犯的欲望和欲望的囚犯 …… 214
现代的手段古老的心 …… 218
无题 …… 220

后记 …… 221

空间,另一种"时间"的收纳

南妮

有些年头了,关于李静方的两次深刻记忆,似乎都与南京路有关。一次是在音响店,听作为店长的他,侃侃而谈那些唱片那些音乐家,临走,他送了我一张著名的慢摇滚CD。还有一次,是在意大利品牌的衣饰店,有咖啡喝有杂志翻、沙龙色彩浓郁的店堂里,静方兄哲学教授一般,跟我们聊了远不止服装美学的问题。在南京路邂逅一个朋友不稀罕,稀罕的是朋友身份的神奇转换。音乐爱好者?美术评论家?资本家?推销员?——从来没有看到如此温文尔雅的学者型经商者。跨行这时髦玩意儿,二三十年前,李静方已经涉足,就如同他二三十年前的文章,放在今天看依然时髦。神人,奇人,上海一定是他们出品的圣地。

现在,翻开李静方的新书,四个部分:"生活杂说""音乐感怀""画中索味""文选读评",十万字,从上世纪九十年代,跨越至今天。众多写作者的发表数字,在这么多年里,或许是他的十倍二十倍三十倍。

书中一半的篇幅是画评,这已显示了静方兄的主业。

阅读这些文章,会找到作者的专用词典:能指、所指、界外、边界、同质、异质、认知、演化、内视、物理、定式、反置、想象、意喻、小概率取向、大面积经历……感觉李静方的表情达意,采取的是"低八度音"——反通俗、反常规,在他人停止的地方,于他却刚刚是一个开始。他反对"界定",在结论面前,他热衷于重新打开;他抵抗流俗,不屑清规戒律,重视个人的独特体验。"一切事物皆有着无限可能。"——这仿佛是评论家的胸怀、气度,这同时也是一个诗人的诗心。书中,收有李静方的诗歌,也就没有什么奇怪了。

在我看来,李静方一直在做拓展"空间"的艺术工作。他的画评是这样,书评、乐评也是如此。他执着地、坚定地用着自己的词典,热情地指示观众读者:穿过表层,再看一看,想一想……"实际上人的感受空间是很大的,也是自由的。有一份这样,就肯定有一份那样。只要能开拓视野、发展感觉,可能性总是存在的。因为人文知识的建立,是从人自己开始的。"在某篇文章中,他这样写道。

可能性,也即是生命经验的丰富与感受力提速的效率。

如果李静方写小说,可能他最要避开的,就是道德感。审美是无限的,道德是一种有限。

即使写诗,李静方也相当注重诗行的形式感。那么,在美术作品的形式感与它给人的思考性之间,是怎样的关系?一个画家就是一门学问,很少看到画评写得如此认真专注。

让人惊讶与感慨的是,"生活杂说"中的一些文章,随意摘一点,都可以切中时弊。这说明静方兄有预言的本事,还是他对于"质"的考量一贯保持深谋远虑?比如:"离开年龄、思想、教育、男女、城乡、供需、喜好、心理、使命、创造、舒适和发现,钞票被赋予了极度的张力。在这唯一的尺子下,属于人之心理的调剂天性被遮盖了。妖艳膨胀替换了人格的优雅节制,喧嚣浮华替代了个人的轻轻私语,压力拼搏置换了人际的平和互补,功利身份改变了个人向心的思索和发现……""用司空见惯去迎合这个正在变迁中的城市,已不再稀奇。物质、商品、功利主义似乎已经成为一切。每周四十四小时的工作之后,人们不再有耐心去关心这个城市的精神和信仰。""一点点功利、一点点世故、一点点琐碎。日复一日、月复一月,感觉是会退化的。退化的感觉是看不到依存于我们情感底下的东西,我们生命的本质。男人在这个刚性的世界里似乎还有求冀于女人的感性和温柔,然而女人们在匆匆投入现代生活时,却大步地走向男性。角色的互换、性格的同化,好像再一次回到了二十年前大街上清一色的蓝灰黑。""我们无法抗拒世界的变化,但是适应也并不意味着自身的发展?一个人的自然特质显然要比城市有趣得多……""我们几乎听不见这样的话语:哎哟!我家的孩子考不上大学,我将高高兴兴地让他愉愉快快地去干清扫工!孩子,你的一生并不是为了金钱、汽车、别墅和名誉，而是为了快快乐乐地去创造和体验自己生命的多彩历程！"

近些年，李静方似乎写得少了，显而易见，他不喜欢重复。他喜欢城市生活，同时他心里的审美趋向，又是超越城市的。他认为人得放弃一些，才能得到一些，成功学是他最为反对与批判的。

专注于拓展空间的可能——人脑的，人生的——这其实是另一种对于时间的获利。老农民埋首耕种生涯，满足于一百年的线性人生，以时间的长度获得生命的分量。那么，艺术家，如果一年的时间可以有十年的感受呢？张扬空间美学，李静方著作的动力与意义，是要研究人生感受可以有几何级的增长。生命的深度与广度，成正比例，那并不稀罕。

友情，事业，出书，在李静方，都似随机的。这是他的睿智所在。

"福柯告诉我们，我们应该艺术地生活，这样我们才能懂得相应的自由和权力。"

李静方，曾经有过的多重身份，其实只有一种：他历来是这个城市中高贵与可贵的思考者。

2018 年 11 月

生活杂说

臭伎俩，鬼智慧

买一件圣诞牌棉毛衫，洗一次，有个地方坏了。看坏点，显然是工艺上的。精美的包装，让人无法提早看到里面。在迪信通买手机，没带广告报纸，事后得知贵了两百元，打电话问对方为何不做消费引导，对方回避，并且"快乐"地告诉我，消费者保护法将在明年1月1日开始执行。今天是12月27日，买手机的日子是11月11日，九百二十元的价格已经到了六百二十元。如果说棉毛衫的坏点，多少是由于"人"的工作疏忽造成的，那么，手机的变价，显然是人为的销售伎俩。

如今直接"挂羊头卖狗肉"式的销售，在城市里很少见了，因为城市里人们的觉悟已经很高了。然而"拜金主义"的流行，却使得有人费心地玩起了钱。钱成了最迷人、最温馨的"情感"期待物。为了钱，为了钱的快乐，我们可以变换许多理由去生殖关于钱的快乐。于是，钱成了城市化的至高构筑理由和"生存"骨架。

当这些人在媒体上以大量情感化的动人广告，不断地拥抱我们几近饥渴的情感的同时，它也巧妙地把第三只手"温情"地伸进了我们这些刚被情感陶醉的人的口袋里。看着一个漂亮的手机，旁边写着大大的三百元，你真的快乐无比。然而一旦你去买这如此低价的东西，售货员立马放大纸边几个蚊子样的痕迹。当你顺着"放大镜"仔细观看这蚊子样的痕迹时，你会大吃一惊，原来这"蚊子"是"折价"两字。三百元仅仅是折让！售货员此刻的笑在你看来也变得非常狡诈，你的情感即刻就像被"蚊子"蜇了一下，快乐消失殆尽。其实，时间长了这样的买卖也就渐渐地无人问津了。今天，我们只能看到市场的竞价，无以了解非价格的服务竞赛。

情感被愚弄，是因为有需要情感的市场，冲着情感的一些伎俩，应该来自那些失落人格或品德的人，他们熟悉人的理想主义特征，熟悉人的完美主义情感。在这些人看来，利用求完美人的心理做符合自己利益的事是天经地义的。

利用完美主义者的心理，是这些伎俩惯用者们陷入"拜金潮流"的使然。同样，"拜金潮流"的迎合者，他们的心理也在时下被完美主义者的感觉加以了反向的利用。

2003 年 1 月 10 日

此刻，谁醒？

正抱一本马斯洛，这位三十年前人本主义心理学家的书，蜷缩在已经照亮的书桌上，宽慰一下自己正在长途跋涉的心，此刻大街上正是鞭炮燃放、贺岁声喧的时候。

这一年，我们这些属于"白天"的凡夫俗子还在斗量自己的能耐，耗命拼搏。

精英宣言下的城市却依旧向着它自己的方向前进。它把狂热留给了这个城市的年轻夜晚。灯红酒绿、艳俗辉煌，久别宣泄的人们，把生命的激动画在了还在生长的年轮上。"年轻"的城市，过头的消费，受压抑的"昨天"仿佛在把几个世纪的压抑爆裂。过去和未来被现在膨胀挤压得踪影难现。IT时代、PARTY、别墅、宝马轿车、精英少年成了这个城市亮眼的激情和生命的理由。整个城市的老人突然隐退，属于年轻的夜晚被无限地延长了，白天被关在了这个城市的背面。

在同一个屋顶下，白天的太阳不再成为城市老人对着咖啡的休憩，老桥老屋正被拆迁，几个世纪玩味下来的城市细节淡隐幕后，老人们拖着两条已经没有速度的腿。

离开年龄、思想、教育、男女、城乡、供需、喜好、心理、使命、创造、舒适和发现，钞票被赋予了极度的张力。在这唯一的尺子下，属于人之心理的调剂天性被遮盖了。妖艳膨胀替换了人格的优雅节制，喧嚣浮华替代了个人的轻轻私语，压力拼搏置换了人际的平和互补，功利身份改变了个人向心的思索和发现，金钱涌动的名义再一次把个人甩入集群的潮流，个性是和着金钱的数量分类的。斯巴达式的年轻和体力因此而变得十分重要了。城市精神的淡化，个人精神的疲惫和枯萎，使得让-菲利普·图森、村上春树的小说冉次成了这个城市森林、高压和搏斗之后心灵寄语的避风港。

对着别人看不见的隐蔽方向寄语，我们的冷静只能向着自己，选择和疯狂却是面向许多人的。此刻，黄浦江边的守夜人也加入了燃放鞭炮的行列，他们跟着腰缠万贯的阔佬们，在夜色中留下这个城市正在蔓延的声音。

恭喜发财！恭喜发财！

2002 年 2 月 8 日

姜建忠作品——照镜子女子

但闻火锅香

吃火锅对上海人来说,可是一桩十分休闲的事。几个朋友围锅相聚,看着热腾腾的蒸汽,喝着口感纯净的米酒,麻辣辣清鲜鲜的汤料,嚼着毛肚、菠菜、粉条、泥鳅和越煮越嫩的血豆腐。

是的,吃着美味话就多了。热气旋过灯光,灯光透着话语,话语缭绕餐桌,时钟悄悄地蹚过了午夜。

吃足了,说够了。于是想到了火锅的传说:那是嘉陵江边的纤夫,他们白天拉纤,在一天疲劳后支起锅架,把任意捕捉和采集的食物,放在和有花椒和辣椒的汤料里边煮边吃,于是诞生了火锅。由于嘉陵江地处四川重庆,它就沿袭了四川火锅这个美名。

如今上海街头到处张罗着四川火锅,都说正宗。然而一旦品尝起来总是千秋各有。品尝闲聊,方知"锅"中三昧。最令人感怀的是用红汤煮熟的粉条耍浸过麻油再吃。据说,这样的吃法,是为了不让初食者被麻怕辣倒。

人是奇特的，在尝尽珍奇后，追求恬淡正是相宜时。此刻锅中的汤渐渐地稀少了，窗外的风，也被蒸汽熏小了。酒喝多了，神情入雾，话也少了，人则坦然。

1996年2月26日

都市随想

每天,当我和成千上万人一样地穿行在这个城市的一角,总有一种感觉敦促我,少用一次眼睛,少动一下脑子。

用司空见惯去迎合这个正在变迁中的城市,已不再稀奇。物质、商品、功利主义似乎已经成为一切。每周四十四小时的工作之后,人们不再有耐心去关心这个城市的精神和信仰。

如果没有群体的信仰,依存于人与人之间的又是什么呢……总是擦肩而过,总是警觉谨慎,总是夸张表现,总是有情不应,人与人隔着一层玻璃。

我们不再闻到泥土的芳香,不再呼吸到清新无腥的空气,不再体验到海浪轻吻般的抚慰。那么我们靠什么,才能从自身的变化中本质地走向自然?

在每天那些撑着精力去表演的生活中,绷紧的精神在绷紧的空间里慢慢走向懈怠,慵懒就是这样而生。

一点点功利、一点点世故、一点点琐碎。日复一日、月复一月,感觉是会退化的。退化的感觉是看不到依存于我们情感底下的东西,我们生命的本质。

男人在这个刚性的世界里似乎还有求冀于女人的感性和温柔,然而女人们在匆匆投入现代生活时,却大步地走向男性。角色的互换、性格的同化,好像再一次回到了二十年前大街上清一色的蓝灰黑。

我们无法抗拒世界的变化,但是适应也并不意味着自身的发展?一个人的自然特质显然要比城市有趣得多……

1994 年 12 月 19 日

行走与影子

与姜建忠对话

姜建忠：年轻的时候没有时间观念，也不会想到生命的有限，现在算算即使活到80多岁也就二十多年，因此紧迫感出现了。从大学毕业到现在一晃已经三十多年了，以前在意的许多东西，比如人生的功名利禄沉浮兴衰持消得失等等，现在似乎都淡然了。

李静方：在时间走廊上你解释了过往的感受。线性地看紧迫感确实是一个对实际进程的不二体验，问题是即使我们确实意识到了紧迫感，存在的事实依旧无法让"我和我们"因此而变得轻松。吊诡的是"说法"似乎只是一个被串起来的符号，好像它与经历没有太大的紧密关系，就像谭盾的作品，经常体现的只是个别声响在时空中的特殊音效，乐音通常并不依赖旋律，甚至完全没有旋律。

姜建忠：这是一种看法……不过下半场的生命质量肯定不及以前了。上了年纪的人会思考这些，年纪越大就越会思考这些。一旦感觉生命短暂，抓紧做事的想法就会油然而生。顺景的是，在生命这条路线上无论你是腰缠万贯的富翁或者一贫如洗的穷困者，是聪敏绝顶的智者抑或呆若木鸡的愚人，在死亡面前都是一样的。

李静方：是因为年龄的关系，才有现在的想法吗？

姜建忠：多少有些。最近我在研读曾国藩、李鸿章的书。

李静方：是从比较意义上的学问探究，还是为了个人体验前的概念积累？"比较"更多的时候只是个人体会中的一个借机，而不是方向，更不是叙述或者传播的目标。概念也只是他者的一种间接统计。请问你是在排斥了上述说法之外的意义上谈论你所研读的曾国藩和李鸿章，还是就在其中？

姜建忠：曾国藩、李鸿章是晚清人物，我们这一代通常记住的是他们被评价记录后的身份。这一点我不关心。我关注的是与他们生活相关的一些方面。比如：李鸿章、曾国藩的人生修养和作为。在我看来，李鸿章的修养不仅仅是希望长寿，希望在人生中规避问题。曾国藩再难再大的事不上心,无论好坏都能放下、过关。他们把生命的操守放在了观渡人生以及演练自性的顺势状态上——按照合理的、对事项尽可能多元的理解方式去平衡自己的整个生活现状。从某种程度上曾国藩的多次解甲归田再出山以及不断的省悟过程,就是一次次的脱胎转型。换一种说法,当"我"面对"此刻"的时候,对处境的觉醒是非常重要的。这种觉醒既不来自历史的镜像效应,也与技术想象的丰富过往无关。它需要你对现状的全神贯注,而不是陷入现状的其中之一。就像米兰·昆德拉所说的:没有任何方法可以检验哪种抉择是好的,因为不存在任何比较。一切都是马上经历,仅此一次,不能准备。

李静方:当你试图通过解读,找寻可以自持的看法,如果结论正好相反,甚至毫不相干,你会心生不平产生"焦虑"吗?

姜建忠:"不平和焦虑"确实是我们生命表征中一种不可逾越的情绪。它来源于我们的期望与实际之间的差距。比如技术想象上的无限可能与单个生命有限之间的鸿沟。比如我们要通过不断地去涂画自己的有限经历,并且不厌其烦地以学仿的姿势向外图解来求取所谓的无限可能。再比如我们希望长寿能够光顾自己,但在实施方向上又总是充满了不明不白。这个世界确实存有大量不可被透解的事情,我们总是身处困顿、面对矛盾。因此我不会沉湎于"不平和焦虑"。

李静方：能表达一下克服"不平和焦虑"的具体做法吗？

姜建忠：记得绘画启蒙老师有过这样一个举动，在今天看来，这个举动依旧意味深长。当初老师评画只把作品分类一下，不说任何理由。老师的无言，留下了介入操作的大片空白，我只能遁入空境自留思索、耕作反省。也许正是老师的这种做法，逼我接受了独立无助、四方探寻、自觉领悟的关键意识。"今天"对我来说，"没有答案的问题是一道令你无路可走的障碍。正是这些没有答案的问题标志着人类可能的局限，划出我们存在的疆界。"昆德拉的说法正是我此刻的体会。

李静方：怎样的观察，往往就决定了怎样的看法。太极图就是一个典型的例子。直观地看，太极图是由一阴一阳两条互为环抱的"鱼"组成。但是理解上显然不那么简单。太极图是一个总括，不能由"我"具体介入的位置去推绎它，并且由此念想全部。比如身坐"白鱼"说黑鱼或者身坐"黑鱼"说白鱼，甚至身在"黑鱼"说黑鱼，身在"白鱼"说白鱼。逻辑地说，"我"的判定包括语言技术充其量只能是个经验影子，它不可能就是事件本身。从行为上说，我可以用具体的经历去填充并示意，却无法用具体的说法去代言事实。比如我说羊儿都吃草，所以羊儿长得差不多，这是语言的概念表达。那么羊、牛、马儿都吃草，为什么长得却不一样呢，这却是事件真实。

姜建忠：这个说法我基本认同。意外的是这个以"职业"来标榜、孵化人生的时代，把学习的意义与个人经历之间的感受进行了专业约化、集权处理。这种处理根扎于我们希冀的想象、便捷、目标，以及乐观充盈的技术演绎上。当然这种希冀不是这个时代的唯一标志，它一直是个与人俱进的古老话题，它的绵延、经久不衰与我们的存在欲望相关。可悲的是当我们在强化这些东西的时候，以此盖过的人本也轻易地遮蔽了走向自然而又整体的内省觉知，比如那种只能属于个体的经验——死亡。它不会存在于我们主张的数理统计或者形而上的分析中，也不会存在于我们对知识和技术不断求取的"显"学含义中……也许，正是这些"显"学含义的东西以方便、集约、简化，成就了我们戏说人生，演绎现实，并且冠以快捷、进步的旗帜了——这些在我看来仅仅是界外推绎界内的"职业"说辞，它与"我"的本体经历无关。

李静方：你说话的意图"位置"比较精准；就像体用关系，它提供的只是个体运作的经验技术，不是向外示范的真伪告示。不过在欲望的诱招下，我们喜欢追寻极端，无论是精神的极端、爱的极端抑或事业的极端，甚至科学以及信仰的极端。通过极端，我们似乎相信可以拿捏住了什么。从事物的经验基态看，平衡兼顾才是演化中整体支撑的提供者，任何意义上的极端都会导致失衡，尤其当我们试图以极端的方式快捷决断事物的时候，总是以牺牲侵占他者、以有限喻指无限，进而损失处境为代价的。蝴蝶效应、黑天鹅事件正是这些现象的状态警示。因此自然的天性，不会是我们借以解读、肆意想象的结果。存在也不可能是人为意见的演化方向……

姜建忠：当"我"能直接面对"此刻"的时候应该是最为完整的。比如：作为画家我一旦离开绘画，情感上就将束手无策，这确实是个不争的事实。但是绘画也确实把我推向了一个一发不可收拾的极端境地。即使按福柯的说法"不是在现在的结构中考察过去，而是为了现在的目的考察过去"，我所面对的也都是一切无法回避的全部。经常的体会是，当我走进的时候、极端介入的时候，往往是最迷失的时候；当我远离的时候，清晰又会悄然胜出。所以我以警觉的方式不断提醒自己保持着中观。再以绘画的具体过程来说，每当起笔的时候，我实际上就停止了所有的想法，任凭直觉去经历全部。差异的现实，使我相信有一种与生俱来的无法复制的东西紧紧左右着我，也许正是这个被左右的我，才表明了与你的不一样。这种元状态的意识按主流理论，会被纳入神秘或者虚无主义之中，但是这不会是我的痛点。再比如大卫·霍金斯的心理学有个分级理论，他认为一些圣哲的能量级在七百数值以上。这种定义一旦确立，定义者就必然把自己架空于外。虽然按斯宾诺莎的观点：形成实体的概念，可以无须借助于他物的概念。我的疑问是，一个同样有限的个体，它是凭什么去发现一种无限的示意呢？任何建制和系统首先只是一种人为的假设，其形式总是封闭的……

李静方：这也许是人对自我存在的某种自大吧。如果我是站在"自己"立场来看待与"自然"的关系，那么我与自然的关系一定发生乖离，这同样有效于每一个"自己"和"自己"之外的每一个他者。因为操作意义上的"自己"此刻总是受限的。正如马奥德林看到的，他说："人们未曾留意的是，地球上生成了多达数十亿个物种，但是只有一种达到了制造技术的智能水平。也就是说，那种智能并非是真正有用的。总体来看，它并不具有多少进化上的价值。由于我们非常喜欢将人类自身视为居于进化阶梯的最高层，我们想当然地认为令我们成为人类的智能是整个进化过程的终极追求。但我们知道，事实并非如此。很显然，对于一个甲壳虫来说，是否拥有智能无关紧要。假如它真的很重要，那么，进化就会生成具有更高智能的甲壳虫。我们没有资料可以证明，另一个星球上的进化导致技术智能出现的可能性很大。我们一无所知的事情太多了。"

姜建忠：面对无知的陋习，学习就是为了揭示"我"的更大有限。只有这样，"我"的示现才不至于成为强权推绎的外侵理由。看看这个世界，沉积得最深最稳健最恒久最能无言陪伴我们生存的东西，正是那些在我们的生代视野中几乎感受不到生长的、遍地躺着的、占据绝对的，在我们看来不举足轻重、毫无生命征兆的岩石和大海。当"我"或者"我们"以穷尽之能分析什么东西可以入口（对素材的分选、比对与主张），到见地为我的本性搅拌（体验的发现和分列），再到成章出笼的无限展示（任何作品）。"此刻"（包括别人的存在，我，个人的看点，滋生的结果）被看成是我的结果，这就是"我"或者"我们"所谓的推论与立据。问题是此刻我的看法到底包含了多大的涵盖，甚至多大的所知呢？尽管虚拟的人工智能已经糅杂进了我们的生活，甚至成为我们希冀未来的激情导向，那它与自然有什么关系呢？即使有关系，那它的关系平衡之变异又成几何呢？我赞许的是体会中的经验和自警的操守，而不是泛泛解读投向外界、引起涟漪和冲动甚至兴师动众的臆想经历。我们从小到大的学习路径总是从概念先入，个人经验被极大地约束甚至剥夺。比如我是从学院的教育中出来的，但是经验的觉醒一直统治着我的践行。今天的教学中我也力挺此举。

李静方：实际上人能展示的只有自己，能左右的也只能是自己，但是我们却劳心于己而言施其外——无论是人之空间或者更大的自然或者宇宙尺度。文化的价值觉醒所依赖的是个人的内在证悟和自觉的行为能力，那些外延的故事，甚至疯狂细碎的想象罗列、堆砌或者挖坑式的创新，依旧属于灾难性的引诱。这样的说法你怎么看？

姜建忠：举几个例子。五四以来，我认为有两个人对国人绘画的引导有错误。其一是海上画派的某一画家，此人的作品火气大，金石痕迹偏重。其二是徐悲鸿，他简单地改良中国画的习用方式，生搬西洋画教法。他俩以自身的偏喜勾勒并操作了一个硬性的教化方向。从学理上说，通过历史成型的文化圈基本决定了造型艺术的外在特征，无论是西方的传统造型或者现代造型，抑或中国绘画的传统以及它的现代性，都不会是在一种形而上的伸张中，把某种取向的意念勾兑合约成结果。东西方就像两个正在相互借进的个体，相遇的那一时刻让一让，看一眼，而不是相互替代，甚至灭绝对方。因此对所谓的地缘特色或者个人性，坚持、放弃或者进行改良的争执，只是一种情绪上的恩恩怨怨。玩笑地说，我不可能仅仅坚持或者依靠自己的"影子"才能坚定自信地走向前方！基督教、伊斯兰教在两河流域的变迁、演化以及再成型所涉及的地域关系、文化习俗、生存方式、利益需求、成果分享，以及在世界格局中的现行，均与福山的终极模型渐行背离。因此外涉的单个旨意在传达、承续甚至规范的时刻，学习的内视性能就会受到钝化甚至扼杀，事情的复杂性肯定需要人去多元兼顾的，但是操作上我们却很难做到鱼和熊掌兼得。比如哈佛教授迈克尔·桑德尔在《公正》课程中那个有名的失控火车无奈地将要撞向一人或者五人的选择性案例……另外我想借用德勒兹在研究莱布尼茨时的说法来回答你的提问：重要的当然不在于发现处于现象表面复杂性背后的某种简单实在，实在的东西永远比表面复杂的东西复杂。一些科学家今天正是本着非常接近莱布尼茨的精神来对待大自然，他们所关注的是如何描述——而不是简化——大自然的多样性、复杂性和"自发性"。

李静方：问题是人们依赖的、想象的甚至信仰的总是兑入情绪的，情绪的发生很大程度上又是一种生物体的化学反应，它的征兆和趋势总是剪不断理还乱。所以理性一旦再由它们去勾兑，味道就会应景变化，一个现实的困境是，理性要想做居冷静的客观之巅，它的现实可行性始终会受到质疑。

姜建忠：可能正是源于类似的感触，我越来越重视内生性的体验，而不再愿意过多地去看外面的风雨景观心猿意马了，这大概也是我对生命进入"中观"的原因。在我看来，向外的热闹不是解决个体"孤境"的万有药方。涉外平衡、自性满足、遇事真实也只能存在于我自己的内心。正如斯蒂芬·霍金很形象的说法：意义只能存在于人类心智的架构内。这也是我对李叔同生命经历和取向的大致解读，尽管事实上我对李叔同的生命机缘还是充满了疑惑。

姜建忠作品——两个试点

李静方：在我看来你的内外关联分寸感很好，没有过强的追逐意愿，这是清实足定的优良特征。也就是说任何单一的指向在你身上并不明显。你尊重生命的自然力量，比如你对气息感受的理解，对歌唱声位的领悟，对家庭生活的自足，以及可以通过你来驱动的各种技术，一直秉持顺势兼顾而不入是非不求简单的整体方式。学习则是你转入内视的一种机缘而不是向外的证明。可贵的正是你对"独处"的理解，区别于我们惯常习性和不断希望制造人世潮流的觉醒。当然，李叔同的生命更不可能是我们展示希冀、摇曳符号的一个类型角色。

姜建忠：人与环境所能的关系太复杂了，我的智慧和技能充其量只是担当了属于我的一小部分。但是我们的期许和愿望却以雄大的姿势不断地去打乱这样的节奏。多数的时候，我们坚信未来是能被我们的能力所拓展的，然而遗憾的是每个当下的我和我们所面临的问题本质上并没有减少。不同时代、不同处境，不同的问题始终缠绕着我们，这才是不容我们忽视的现实。因此从本质上说，"我"或者我们只能是摸着石头过河，经历一切，承载一切，不存悲喜……

李静方：真像 Brian Koberlein 的精准宇宙理论认为的，"生命的存在依赖于像恒星核聚变这样的现象以正确的方式发生"。但是不论怎样，"是我们让宇宙变得显而易见"。既然是我们让宇宙以显而易见的方式发生，那么在怎样走向"正确"的路途上，知觉孤境，发展自省，冷静不邪，应该是个起码的行为常态吧。

2016 年 4 月 25 日

话说陈村

这次去市府礼堂听帕尔曼音乐会，陈村也去了。演奏间隙，陈村说，二十年前听古典音乐，是几个人挤在一块，拉上窗帘。那时，一切条件十分将就，只有头脑是认真的。今天听音乐，大不一样了，环境条件十分优越，脑子却常常无法专注。在梅塔指挥勃拉姆斯第二交响乐的时候，陈村说，他已经在头脑中编排帕尔曼演奏 e 小调小提琴协奏曲的感受了。

陈村爱用对峙的方式说话，机智却又尖刻。尤其，他把一些事态剥离得剜骨剔肉时，总是星点儿肉渣不留。然而不知怎的，在陈村话语的背后，总留下一种深深的惆怅和无奈。

读他的《今夜孤独》《弯人自述》，常常感到是言来由衷，却情不如意，在那些妻女情长、人事百喟的感慨背后，陈村留下了柔柔的情态，露出了男人强势之后的缠绵。陈村这种隐蔽之后的表达，常常使人忘了这个男人的另一份纯真，却把尖刻化成了他的敏感和丰富。也许，陈村像康德那样游离在自己的感受世界里却把自己的鞋子系在了雁荡路上。也许陈村天就犀利，乐于从另一个角度剥离每一种形式的装扮，然后数落着它们。但是陈村也留下了那份冷眼看世界的气度，留下了直露胸襟的爽快。在这十分现代化的性格里，陈村更像一个"角度"游子，散淡地从每一个方向环顾着他所看到的一切。然而，有一点是不明白的，陈村说，他只喜欢到拉赫玛尼诺夫为止的作曲家的作品。

陈村依旧习惯地变换着坐姿，变化着他从每一句话中演示的东西。看着他话语间的停顿，瞬间滞视的目光，以及那超负重载的身段，联想到演奏台上帕尔曼幸福的微笑，优雅的演姿，以及拄着双拐的迈步。

这如出一辙的景象，让人觉得这个世界是那么奇特。在这以包装装扮的空间里，人们已难以用自己的眼睛去看留在每个形象中的东西，而那些实际上以自己的表达来显示过程的人，却又有着面上理解所无法深达的东西。

1995 年 1 月 16 日

冷水一杯泼向谁？

在生命的旅途里，很难碰到一样的面孔。退远了，许多面孔看起来是一样的。

大家没钱的时候，七八个人会聚在一起，听"过去"的音乐。透过音乐，家里的电视前已经坐上了十几个邻家的孩子。请人一顿饭，别人会谢你半个月。省下四分车钱，为的是买一支上好的铅笔。与朋友同车常常会争着为他"光荣"地买票。不过，也会无所事事地站在弄口，呆看半天。或者较劲地谈论从没有见过的事情，弄得面红耳赤，兴奋异常。还会盘踞在星夜捧一本书，遨游梦中无边无际的田野和村庄。

在有人没钱的时候，有人会比照有钱人，教你如何更快地富起来。于是，市场上就有了教你"成功"富裕的职业和书籍。大家伙就不断地涌往能够快速富裕起来的城市。城市中工余的流动民工会齐刷刷地坐在街沿，羡慕地看着每一个"外表富裕"的女人走过。坐在地铁里的女人，会热烈地讨论价值百万元的房子。

借住房子的人，会经常出现在高尔夫球场、五星级酒店。还有那些特别有钱的人，会花上上亿元造一个微缩的"白宫"，住在里面感受天天和小布什一起办公的滋味，这样的人也会用上轻蔑的眼光，看轻那个试图微缩"美国国会大厦"的人。还有一些开着奔驰600的人，冷不丁地从高速飞驰的车窗里丢出一个可乐罐。

现在有钱人渐渐多起来了。我们重又希冀福布斯排行榜上不断有我们的富翁出现。我们经常可以听见这样的谈论，我们造了世界第一高楼！我们造了世界第一大跨度的桥！我们拥有世界上最年轻、最有威慑力的企业管理层！我们拥有五千年的文明史，我们拥有四大发明！我们用五年的时间走过了别人五十年走过的时间。我们家族一百人，有七十人生活在世界上最富有的地区！有50%的人生活在巴黎、纽约、伦敦、米兰！我家的孩子考上了清华大学！我家的孩子是"某某"企业的总裁！我从中国最贫困的地方，通过自己的发奋努力，来到了中国最富有的城市，成功地生活了下来。我们的整个县城，包括县长在内都踮起脚羡慕地看着我！我们家买了目前上海最好的房产！我们家用五万年薪打造中国第一个"总裁"级的保姆！

从国外回来的中国人，他们也带回了同样的身份同样的钱。他们告诉我们，在外面的世界是多么孤立和无援，金钱下的外国人是如何骄傲地看轻我们，我们已经学会了在忍耐和辛劳中树立成功的信念，成功的路途已经建好，我们能够成功，我们一定成功。

不过，我们几乎听不见这样的话语：哎哟！我家的孩子考不上大学，我将高高兴兴地让他愉愉快快地去干清扫工！孩子，你的一生并不是为了金钱、汽车、别墅和名誉，而是为了快快乐乐地去创造和体验自己生命的多彩历程！孩子，如果你为了你的信仰远嫁非洲土著，父母将真心地祝贺你！孩子，你不要太草莽地唯物是非，我们快速地有了今天的一切，是因为大自然也加倍快速地付出了它曾经漫长经历的一切。

同样有钱的人，也有着不一样的生活。沃尔玛的老板理一次发仅用五块美金，他常年开一辆丰田工具车。西班牙的世界级大艺术家巴尔蒂斯不开小车，乘地铁。

同样的分化继续在开路，路途依旧是很多很多的，很多的路被我们封掉了。走在唯一的不变之路上，我们拒绝了生命应有的许多体验，我们还在看齐一切，还在看重"古罗马"竞技场上威武的刀光剑影。力量的雄心继续左右着我们，而这个时代已经发生了很大很大的变化。

2002 年 11 月 29 日

天依旧蓝得很空很空

窗外原先是一坪绿地,能看得很远很远。如今远处又盖起了楼房,楼房里的人能看过对家房子的后脊。楼房越造越高,造高的楼房不断挡住了对家的视线。视线被移高了。看远景,只能留给头顶的蓝天。

看天是很奢侈的,看多了也就感到不踏实。踏在地上的人摸不着天。天是虚幻的、很远的,至少对绝大多数的人来说是这样。他们上不了天。

上不了天,要看天,头晕目眩。排得满满的日程下,抬头看天是一次浪费。

远离和间接注定了看天没有刺激。没有刺激对这个如此"务实"的时代来说太奢侈。因为快速地劳作决定了我们的选择和刺激。生存也在底线上告诉我们如何避免没有速度和刺激的奢侈。

福柯告诉我们,我们应该艺术地生活,这样我们才能懂得相应的自由和权力。不过,吉尔·德勒兹,福柯的战友,却在难忍肺疾中跳楼自杀。

雷诺阿晚年因为手疾，只能把画笔缠在手上，继续画着阳光下的女人肌体。雷诺阿画的唯一性，决定了他的画不会与其他画家的画搞错。聪明的杜尚却把尿壶标上了"泉"，让人想到了安格尔的同名裸女画，眼睛看到的却是一个可以大量复制的现成品。

歌星猫王被枪杀了，死后的猫王总拿一把枪。麦当娜以前脱光性感过，现在穿得严实了。

同一个屋檐下出现了完全相反的景致，对峙的视线令人迷茫，即使"大师"他也难以走在已经走过的道路上。我们被迫把视线引向垂直的天空，我们的脑袋将无可奈何地常对天空。

对着天空，我们也许能打开思绪，解开眼前已经冲撞的图景。还在很久很久以前，我们的视线还能平展的时候，庄子的脑袋已经常对天空。他把天和地的界限抹掉了。上个世纪初期，阿尔伯特·爱因斯坦也把他的脑袋对着天空，抹掉了时间和空间的经典界限。前一阵子，只能动一个手指的霍金先生，又把人和宇宙的界限抹掉了。我们重归思考打散的混沌，重归自我开始的清理和实践。也许是一种轮回，点透的内容终将再被透点。这样的"接力"可能表明，先在的内容和我们当下的处境没有太大的关系。我们必然会不断地重新介入、重新理会。

阅读历史、体会大师、经验现实，复杂的交汇留给我们不断开始的机会。我们走向了接受和学习的蓝天。

楼房继续在造，它造高了，造复杂了。它也引动了我们的视线。我们的视线变高了，变复杂了。大师们正在朝着我们款款走来，不过，我们仅仅是走近了大师的"文本"。天依旧蓝得很空很空……

2002 年 10 月 25 日

流行的日历

庄子说，山中大树，因为长得不成材无用途，而得以幸存。主人家的野雁，因为不能叫鸣而被杀。庄子看待世事炎凉也许过于消极了。张国荣坠楼消亡，嘘叹之声倾城。活着的人就在死者的名后继续营建属于活人的声色世界。不知亡故者灵下何感？

观念赢家小布什，他在网上的形象已经被并列在黑猩猩的旁边，三点式泳装，花枝招展的风流荡妇装束，成了象征小布什的性格招贴。而萨达姆正用人体的廊道，铺就个人誓言的庞大墓碑。城市不断地被属于个人的"意志"剥去旧衣。惊人刺激的外观正在替代树荫下的和煦清风。留着小八字胡的格利雅诺，倜傥的举止，惊艳的狂想，在给 Dior 世界带来巨大变化的同时，性感肆虐的广告，也成了他的身份特征。格利雅诺的"抢流弹"正在反衬品牌名义下的另一道风景。一头银发一身黑衣的乔治·阿玛尼在黑色、米黄、纯白的低调世界里静静地经营着，并且影响着米兰和香港服饰的整条大街。

为演庇隆夫人，麦当娜精心策划打动了向来严谨的梅内姆，阿根廷历史上似乎又多了一次从对抗到接纳的性格演绎。同时，我们从《庇隆夫人》的电影里也见证了麦当娜的淑女魅力和表演才能。政治、艺术和性格的界限正在不断地模糊消延，罗纳德·里根是一个很好的演员。缭乱的变化，使得清纯单一日见凋零。人生的排行榜，就像风一样地轮流运转。看着费翔使劲地搅拌过去的记忆，话语一直是现在的。不清楚这样的老哥，如何感慨、如何面对自己正在老去的脸。甜甜歌星邓丽君却很早就带着自己的娃娃脸走了。徐静蕾已被冠以"老徐"，并且安排在董洁的青春风光旁出席新闻发布会。俊男少女的疯狂，给英国老牌的滚石乐队带来了久别的"春光"，四个老男人的鱼尾纹依旧透视着他们已经逝去的年轮，但是他们非常现在。音乐剧《猫》，终于利用回忆在上海换来了升华的又一个清晨，不知老艾略特有何感想。

时间骤变与渴望改良的努力依旧交织着我们已经不够平静的心，我们被"寄生"的潮流像赶集那样追逐着，流行的日历正被一页一页地翻过。也许代传基因也在翻转中同样地左右着我们不变的情绪……

看来对不近身之物的想象，依旧是我们寄托给公众人物的"最后晚餐"。因为马特·里德利告诉我们，也许"我们过度浸淫在进步和自我改良的观念之中"了。不过他还说，马达加斯加岛的一种鱼，却和三亿年前的祖先一模一样。

2003 年 4 月 25 日

韩宇光作品——医疗器械之二

妹夫

他走了,这是一个漆黑的夜。他得了淋巴癌。

傍晚的病房里,他用深陷的眼睛死死地看着门外,偌大一个病房仿佛已经没有了。他说,我要回家。恐惧的,企求的你,无望的。

听建工队头头说,妹夫是个好胜的人,在与监理相处的日子里,他的骄傲激怒了监理,于是他下岗了。

每天骑着半新不旧的自行车,送女儿上学的他,干的是水电工。他干活很慢,看起来像在磨洋工。干半天活,总要喝一些酒。不过,他的手艺确实不错。

为了家,他起早摸黑。工余之外在熟人圈子里弄点活儿补贴补贴。一年四季的,熟人圈子渐渐地扩大了,他的"名声"大了,想和他喝酒的人多了。一个朋友听见他的离去,好生惊叹。他说,他还记得他盯着民工在家安装抽水马桶的情景。

起码,想被社会肯定的他,在和朋友相处的日子里,总是鼎力相助。在楼房层出的今天，他的行当看好，他的活儿"抢手"。然而，他很敏感，他会守着老婆为自己的细小委屈流泪。

刚病倒的那阵子，他只拿些生活费，却在盘算怎样再把房子装修一番。对家，他特别眷恋，从不想"挪窝"。住院的时候，还常常跑回家泡一壶茶，点一支烟，看电视，即使独自一人，他也会坐上一圈才回去。

他不知道自己的寿终，也不深究每天的重复，带着平常之心，带着平淡的希望，常常与人合成一桌喝酒。吃一些比较费时的东西，说着几十年不变的话。

也许对他这是一种宁静。也许，对欲望者来说，这是残忍的满足。那天追悼会上悲天悯地的人们与他安详静谧的遗容相当反差。不再有人理会这些，浅表或者深邃混杂一体。母亲说，她看见他起床后总站在阳台上看一阵子。不看绿树，不看楼房，只看密密匝匝的人流逛菜市，真不明白……

他，安睡在朝西的寝园里。

1997 年 7 月 11 日

天下"名"为何物？

有人非难让-雅克·卢梭对拯救过他的华伦夫人的求助置之不理，直至她贫困而死。指责康德曾经愤怒地把房东老太推下楼梯。指责布莱希特过着优裕的生活，却每天花几小时把灰尘弄进指甲，装成工人。指责米开朗琪罗是文艺复兴时代三大画家中的巨富，却是一个百分之百的守财奴。指责贝特兰·罗素只要看一看贴心的金钱记账簿，就会激情满怀地投入写作。一个非主流的美国作家理查德·扎克斯，他的一本《西方文明的另类历史》一书，也被写进了这样一个副标题："被我们忽略的真实故事"。所谓历史的"真实"是被遗漏了呢，还是被有意回避了？

指责卢梭、康德、布莱希特、米开朗琪罗、罗素生活细节的人，是他们看到了名人非"理想"的一面，在完美的理想主义者眼里他们只求名人的一半，"名"上的"完美"，对于另一半的"人"他们是不想看的，他们继续生活在中世纪的想象光影里。

仅以需要来搪塞认知，我们只能在现成的经验里蜗居需求。

尽管我们今天可以这样、明天可以那样，但是脚步照样踩在原地，价值照样依旧。书店里堆得满满的"成功"书籍，依旧是在"名"的名义下教导我们大家如何去走少数人走过的路。一个有趣的逻辑反论，拼命鼓吹"成功"，是因为很少有人成功，很难有人成功。几千年来"成功"一直是个谜一样的话题，就是因为它在我们的眼界里只是属于少数人。为着少数人选定的方向让大家来走，独木桥前永远排着长队，生命也就在排长队的规定中慢慢地消耗。在"名"的名义下，生命的历史似乎永远只在少数人。如果生命的历史只是属于少数人，那么粗俗地说，绝大多数的人真是白活了！如果真是这样，我们不是在诅咒创造生命的上苍吗！在一次"成功"学的培训会议上，执教老师讲了这样一个故事：大理石地板在埋怨被人践踏、吐痰、丢脏东西，它羡慕大理石佛像被人顶礼膜拜，感到自己既痛苦又委屈。有人告诉大理石地板，当初曾考虑用它做佛像，可是它的材质太硬了。老师的用意是简单的：材质决定了一切，要想赢得成功，你必须改变自己。只有改变自己才是赢得"成功"的关键。如果践踏、吐痰、丢脏东西本身就是大理石地板的幸福和快乐，它的痛苦和委屈只是一条标签，拿掉标签，那么何来改变呢？如果改变是容易的，还是那句话，几千年来述说改变的"成功"为什么依然只发生在少数人的身上？

是不是该换换思路了。如果每一个人的生活本来就是"成功"的，我们还需要研究少数人的"成功"路径，并且教导大多数人吗？

我们的传统研究课题也该换换了。我们应该研究大多数人的生命路径。能够研究大多数人的生命路径，我们也就在顺应生命潮流的演进中了。

为了这些，请重新读读伟人的著作！请重新开眼看看这个世界吧……

2002 年 12 月 31 日

他们

在翻滚对撞的踩踏中

争着去唤醒所有的清山净云

一切总要灭寂的

为啥此刻生起的景象总由远处召唤的那个东西示现，让它颤抖

没有任何政令指向此刻的存在

此刻却被所有跟班的记忆挤兑揉搓着并深深埋葬

一个孤峰独耸的世界

被淹没了

你我和合成了他们

他们也在此刻淹没了你我

就像从来没有发生的那样

2018 年 4 月

音乐感怀

再听 Bindu 的《太阳女神》

吉他不紧不慢，平缓轻慢地叙述着，耳与心已经不再存有界限，散淡的情景和弥漫的空间，非常准确地复述了这一时刻的平静……

由十二段音乐组成的这本吉他集，有一个美丽的名字："太阳女神"。不过在这美丽名字的背后，应该是演奏，是一次久违了的音乐事件，这是一个出生在上世纪五十年代的丹麦人 Bindu 带给我们的绝妙处境。

顺着时间的流逝，一潮盖过一潮的流行，总在美丽地诠释着同样一潮涨过一潮的情绪。当情绪被肯定和放大到足以感动我们多少有些厌旧的情感时，由流行转生的憧憬，总会升展在一个容易被我们顺手牵来的形式里。音乐正在被地域、整合、跨界以及即兴和个性的呼声仓促地覆盖着，形式炫技。

Bindu 的演奏却是个特例，他依旧活动在经典的旋律、干净的和声、传统的节奏之中。听起来 Bindu 的演奏没有任何形式意味上的炫技，他完全沉浸在个人与音乐对话的瑜伽和感悟之中……

这种情景把我们再一次推到了音乐的源头。这个源头浑然一体，没有分别。

Bindu 的演奏没有分别。在吉他、乐人、乐音之间，他非常精到地不断转换和同步联系着每个角色，他没有让我们分别地去注意吉他、演奏者和乐音，他让我们注意到了音乐的整体性，注意到了音乐是怎样由此而获得超越的传承能力。在 Bindu 的演奏里，音乐表达了所有，并且超越了"形式"，跨越了时间。

记得，以前有人称 Bindu 个性过强，喜欢特立独行，不随流。这些说法比较片面，它割裂了人与音乐之间的联系，制造了人与音乐的分别和对立，也制造了人们守着成见去见证音乐的陋习。

因此当聆听或演奏一旦离开了依赖成见的验证，表达才会变得通明，不过这种通明和我们的认知还是有着很深的关系的。Bindu 在放下"我执"的经历中表达了音乐，我们记住的却是 Bindu。

Bindu 是目前少有的对音乐能够理解得如此本质的演奏家。

2008 年 1 月 27 日

巴赫的辉煌

听巴赫的音乐,总会伴以这样的心情——一种从悠长的音乐环境中扬起的平静,以及弥漫在这种平静四周的缓缓不断、袅袅升腾的奇特感觉。

在音乐的历史长河里,巴赫以自己杰出的智慧表达了人类的某种精深感觉。美国数学家道格拉斯-霍夫斯塔特在他的名著《GEB——一条永恒的金带》中,把巴赫与伟大的数学家哥德尔、画家埃舍尔一起放进了人类思想变迁的历史长河中。道格拉斯-霍夫斯塔特首肯的是巴赫音乐中深邃的形式系统,以及由这形式系统涵盖的思想和深刻的洞察力。

巴赫的辉煌也同样体现在他的技巧上。巴赫惯用一种平整的旋律线和着呼吸般的节奏,展示音乐的纯净和明度。尤其在赋格中,巴赫告诉了我们一种可能,这就是在一个十分规整的音乐空间里,怎样去谐和地发展细节、发展旋律的织体。所以,巴赫的音乐总是以一种从容、精致而又绵延不断的方式接入我们的视野。

最近见 DECCA 公司出版的一张 CD 片（430499-2），向我们展现了巴赫作品的精彩一幕。在这张 CD 中我们听到巴赫著名的三首康塔塔：作品 12 号《眼泪、叹息、颤抖、悲伤》，作品 147 号《心与口》和作品 140 号《醒来吧》；巴赫《四首组曲》中的 b 小调第 2 号与 D 大调第 3 号，以及巴赫的 F 大调第二勃兰登堡协奏曲、d 小调托卡塔和赋格等。巴赫精神，可见一斑。

1994 年 9 月 18 日

德里小调四百年

喜欢一首四百年前的民谣，它属于爱尔兰的德里小镇。

据说：德里是十七世纪唯一一座没有被攻陷的欧洲城市，这是非常令人记忆深刻的说法……

这首叫《伦敦德里小调》的歌谣，虽然来自欧洲的过去，它的影响却是不分地域和时间。

幽婉的旋律，经藏的故事，就是这样一代代地细数着，然后翻过来来往往的烟云人生。四百年了，在相同的旋律下，《伦敦德里小调》也走过了不同的填词，比如《丹尼男孩》，比如《秋夜吟》。

最近正好看到德里小城的照片。一个依托个性地形发展起来的城市，记录的成果看起来久远，其中最浓郁的就是中世纪。此后这个城市的外观几乎没有变化。在它的每一条大街、每一把椅子、每一朵水化、每一个景观、每一片岩石中，你都可以读到生活的细节。德里的安静平淡，似乎提醒了造物的应景和节奏。它需要的就是精心、敬畏和缓慢的时间。

泥土是平常的,落在上面的东西,只要享受时间,都会慢慢地被一点点吸收,并且最终变成棕褐色。一季绿荫之后,泥土总是尘封万物的母亲。一世年轮之后,棕褐色就是历史老楼的睿智面容。城市的积淀何尝不是呢。

缓慢是因为需要时间去消化细节。也许,结果的长久并不在于速度,城市制造更需要考量先前的存在。就像这首《伦敦德里小调》,四百年了,它的旋律没有丝毫变化,动听依旧。然而面对它的却是四百年中不同时间产生的填词、耳朵、头脑和人流……

2010 年 12 月 6 日

《世界民谣》和 QUINK 演唱组

　　TELARC 唱片公司出版了一张叫《世界民谣》的 CD 片,编号 CD-80275,这是一张由著名的 QUINK 演唱组用无伴奏方法演唱的歌曲集。

　　在这张唱片里,QUINK 演唱组通过精巧默契的配合,演唱了来自以色列、英国、新西兰、加拿大、美国、苏联、南斯拉夫、捷克斯洛伐克、德国、法国以及西班牙等国的二十五首民谣。其中英格兰的《黑眼睛水手》、美国的《在杨德山脚》《谜语之歌》以及南斯拉夫的《负心的情人》《天堂在上》等都是名扬四海的歌谣。

　　民谣在各个民族的传统文化里扮演着一个特殊的角色,作为从传统文化中成长起来的体裁,民谣往往连接了传统和未来。这些以情歌和叙事方式保留下来的歌曲,也为我们传达了各个民族对历史的追忆、警世的传说、戏剧化的故事。

　　QUINK 演唱组由五位通晓民歌的职业歌手组成。他们的演唱轻松协调，配合自如，演绎朴实。他们不仅出色地演唱了许多当今公认的现代大师的作品，而且许多来自荷兰、德国、美洲的当代作曲家，也专门为 QUINK 演唱组写了作品。

1994 年 12 月 2 日

苏珊·希雅妮的钢琴声

感受的发现常在不经意中。听苏珊·希雅妮的钢琴小品集《轻轻弹奏的乐曲》，偶有所得。正像苏珊·希雅妮的一段话：我所首爱的乐曲是来自对原声钢琴的迷恋，二十年后是雅马哈数码钢琴把我带入今天的境地。

这盘原名为PIANISSIMO的钢琴小品集，正是从这样的角度展示了来自音乐世界的另一片"绿荫"。PRIVATE MUSIC公司出版的这张编号2073-2-P的钢琴小品集，记下了苏珊·希雅妮演奏的这样一些曲目：《赞美诗》《托斯卡纳》《想象中的地方》《慢板》《爱琴海的浪潮》《雨》《长披风》《自然之歌》《她说是的》《漂流》《夏日》《莫扎特》《爱的死亡》《催眠曲》。

在这些有着美丽名字的乐曲里，可以感受到苏珊·希雅妮对音乐的另一种理解。这是把乐器原声重作偏移的表达，它有着特别迷人的效果。也许这种对原声的偏移本身就意味着演奏家在传统表达之外看到的又一线希望。

当安静地听完这五十多分钟的唱片后,那种由苏珊·希雅妮特有的触键方式带来的钢琴效果,一定会像一道彩虹那样闪亮在你的面前,使你难以忘怀。

1994 年 12 月 9 日

姜建忠作品——小青鸟

听贝多芬《第七交响乐》

听贝多芬《第七交响乐》，喜欢最后的辉煌急板。因为它总让人感受到一种轮转于终止和再起的振奋。这次听马泽尔的指挥，更是感到了大师对这"急板"的独特演绎。

相比卡拉扬的版本，马泽尔更多地把雍容华贵和丰富的音响层次带给了听众。因此，元月十三日在上体馆的那场音乐会，是宽广的、活跃的、丰富的。

不同的指挥，让人了解了不同音乐的个性。于是我们认识了马泽尔，认识了卡拉扬，知道了音乐的多样性，知道了音乐风格并存的现实。

然而，音乐的这些变化是谁去完成的呢？是音乐家。是像贝多芬、卡拉扬、马泽尔这样的音乐家。他们把音乐从一个辉煌的高潮，衰落到接近灭点的时候重新拉起。这就是这些音乐家带给我们的充满诗意的振奋。

但是，这里有一个前提，必须身临其境。无论是演奏家还是听众。身临其境才会从体验的经历里获得更多的新意。也许只有投身其中,我们才会进入一种新的境界。于是,在我们的视野里,合起来的打开了,打开的又合起来了,凸显的隐退了,隐退的再现了。像马泽尔的指挥,像"贝七"的轮转。

如果不身临其境呢?这在我们的生活里是个惯例。通常我们只是隔着距离在听看台上的演奏,投身与否无从考证。这就造成了一种分离,在外的等待结果,居内的身心飞舞,圈内圈外完全两码事。如果走到里面呢?走到里面也许就内外无别了,就是自己,就是不断风生水起的轮转,就是不断滑动的指挥棒,就像额头渗汗的马泽尔,就像拉威尔化的"波莱罗"。

1996年2月2日

小提琴大师帕尔曼

EMI唱片公司出版了一套四片装的帕尔曼小提琴CD集(7-64617-2)，收集了帕尔曼演奏的巴赫、维瓦尔第、莫扎特、勃拉姆斯、维尼亚夫斯基、西贝柳斯、哈恰图良、斯特拉文斯基，以及弗斯特、福雷、克莱斯勒、斯美塔那、普列文、萨拉塞蒂等作曲家的作品。

在当今小提琴演奏大师的行列里，伊扎克·帕尔曼是一颗耀眼的明星。他于1945年出生，先后在特拉维夫音乐学院和茱莉亚音乐学院学习，十八岁就登上卡内基音乐厅并开始了他的职业演奏生涯。

作为一位杰出的演奏家，帕尔曼有着常人无法比拟的困难——从四岁起，因小儿麻痹症失去了双腿的功能，因此只能终身坐在椅子上演奏。或许也正是这样的原因，帕尔曼才以其非凡的毅力演奏得超乎寻常地好。

帕尔曼的演奏，几乎囊括了所有古今曲目。帕尔曼注重演奏的整体感，注意发音的饱满和完美。尤其在那些炫技性的乐章里，帕尔曼总是以一种辉煌的能力把技巧性的演奏演化为音乐的新征程。不管是协奏曲、奏鸣曲，甚至小品，我们总可以感受到帕尔曼用心灵去唤醒音乐。帕尔曼以他非凡的人格情态，把音乐的表演真正地转化成了对心灵的抚慰。所以，每当我们沉浸在帕尔曼美妙的提琴演奏中，总能感受到源自他内心深处的感激。

下月24日，伊扎克·帕尔曼将随以色列交响乐团和著名的指挥大师祖宾·梅塔前来上海进行唯一的一场演出。这不啻是上海人的荣幸。

1994年10月14日

杰姆海拉的钢琴声

在 CD 音片架上有这样一张唱片《CLASSIC TOUCH》（古典技巧），它还有一个优雅的副标题："MYSTERY OF SOUND & SILENCE"（声音与寂静之谜），这是一款设计得非常精美的钢琴小品集。

金色的封面，一架打开了共鸣箱的大钢琴簇拥着画面，明亮的琴板和着钢琴振弦的优雅延伸，形成了恰如其分的比较。

这张由杰姆海拉作曲的小品集，透过温柔悦耳的钢琴和管弦乐队的演奏，带给我们一种介于古典和现代演示之间的风格。

杰姆海拉的钢琴作品充满了想象力，在这九首作品的小品集里，杰姆海拉通过《中世纪风景》《罗曼史》《古老的故事》《合唱》《童年再会》《巴洛克风景》《凝视》《在和弦之间》《西班牙梦想》，复兴了古老的爱尔兰风情，让我们领略了巴洛克直至浪漫时代的整个音乐。

通过这些作品，我们可以感受到柔情的大地、和煦的风、淡淡的云彩、流动的光；感受到安详静谧中，一种散淡的、梦境般略带感伤的情调；感受到旷达而又宽泛的指间流动；感受到节奏、和弦以及停留在声音之间的浅浅一瞬。这是午夜星河、咖啡馆、友人间乃至安寝前特好的音乐。它以独有的安详、回恋以及宁静中的体味，带给了我们一种心情，一种世纪之声，一种抚慰心灵的东西。

1994 年 8 月 14 日

巧合

音箱里传出的是德沃夏克的大提琴协奏曲,电视里放的是动画片《小蝌蚪找妈妈》。我们把电视的音量关了,看小蝌蚪,听德沃夏克。结果发现,小蝌蚪一曲一曲地摆动,竟与大提琴的节奏如此合拍。

提醒同在的沈兄,他也哈哈大笑。其缘,正是画面与音乐的某种巧合。这样的巧合,在我们的身边其实很多。

都说"贝六"是一部田园诗,有蓝天、绿地,牧童短笛;有暴风雨,有雨后天晴;有志在心里的隐隐抗争。有一次在海边,却发现"贝六"的第二乐章竟然也呼号着与汹涌的海浪一起翻滚。悠缓平静的旋律竟配上了大自然的不安。

也有一次看枪战片,暴徒的伴奏音乐,竟然是贝多芬的"命运"。一贯象征善与恶斗争的"贝五",竟然也如此地蜕化变质,变得面目全非。

又说,德沃夏克的音乐带着浓浓的思乡情。也有说德沃夏克天就情调忧伤。这些可能与不可能的交叉，常常传达了内容之间的莫名和歧义。

就像《辛德勒名单》的优雅旋律，并非非得联系画面去欣赏那样，否则唱片公司出版这张 CD 片为何。

实际上人的感受空间是很大的，也是自由的。有一份这样，就肯定有一份那样。只要能开拓视野、发展感觉，可能性总是存在的。因为人文知识的建立，是从人自己开始的。

1995 年 3 月 3 日

琴声未尽

那天音乐会后,带着帕尔曼琴声未尽的愉快,与朋友夫妇坐进了海伦宾馆四楼咖啡厅。选择这样一个安静的空间是他们夫妻的意思。因为这里没有音乐。

没有音乐,是为了让头脑中的音乐延续得更长。帕尔曼的音乐之后,任何音乐都显得多余了。三位相处近二十年的老朋友,在一场绝顶美妙的音乐会后,静静地相聚,相互之间没有说话,只有不加糖的咖啡和着轻轻的落杯声。

在这样的环境里,人的整个身心是那么平静,那么恬淡……

朋友依旧明亮的目光,显示他还沉浸在帕尔曼的琴声中。记得第一次见他,他就是这样的。不过那次听的是德沃夏克,是LP上的德沃夏克。

十七八年过去了,这样的相聚已经记不得多少次了,但是只要与他俩相聚,每次都是如此恬淡,如此地与音乐有关。

在今天这个物欲横流、情分难延的空间里,这样的人际情意是如此难得。这种难得,就像三位已届不惑的人,才第一次撞上一流的现场音乐会。帕尔曼成了今天直接沟通我们心灵的大师。

就这样一直静静地坐到深夜,我们才相互告别踏上了归途。

这一夜特别美好。因为它来自一位天才的演奏大师,也来自两位相交如水的老朋友。

1994 年 12 月 17 日

香缇克利尔男声合唱团

十二个男人站在舞台上,时而排成长弧的队列,时而排成半圆的队伍,每歌完毕,他们又会相互换一下自己的位置,加上一些与歌有关的身体语言。纯净洗练的乐音就从这样的队形中发生……

对音乐的解读,通常是明确的,这与和声、对位以及旋律的知识有关。依赖于这些,我们会注意到相关的特点,比如声线的位置、声区的色彩、声场的性质。一位好友在乐队唱出福斯特的《梦中美人》时清晰地指出,香缇克利尔男声合唱团的和声就像"管风琴"。

证于"物象"的情景,这是很有意思的,因为它描述了技术在时间区隔中的特征。

香缇克利尔男声合唱团的演唱曲目包含了四五个世纪以前的作品。

首先,经典的、旋律化的、对位精准的技术统筹着音乐,演唱也是倾向集中的。歌曲的声部之间既被规划得个性，又被演绎推向了齐整。

此后，美洲的音乐出现了，这是一种绵延悠长、带着个性的东西，语言、气息和感觉都是陌生的……

再后，混成的爵士风格笼罩着音乐……

这些由风格引开的信息，向我们展示了音乐与生活相关的内容。一是经过文艺复兴催化的，以技术或科学倡导的方式；二是源于生存的自发的，以使用或愉悦为前提的方式。

然而，在极端上是《香缇克利尔王》的表演，它几乎综合了音乐与舞台的技术。在爵士的音乐和响指的挥动、击掌中，有模仿动物以及各种声音的身体语言加入，这样不但丰富了歌曲的看点，也使一首短歌接近了"舞台剧"。这大概就是当代音乐提供的特殊"语境"，以及由这种语境完成的官能效果。

在这喜称快乐的时代，官能的引动确实是个兴奋点，它给我们带来了简单快捷的物理刺激。面对这些刺激，会有我们习惯的收获，但是这些收获也许只是劳什子。因为，无论我们试图怎样耗用漫长的时间去追随，或者只是抓住了即将流失的瞬间，其追随刺激的本质都是一样的。

2009 年 5 月 31 日

韩宇光作品——向日葵之四

由芭托莉演唱想到的

芭托莉的演唱会结束了。

只记得两个四十分钟的篇幅,芭托莉仅用了红裙、绿裙这样简单的道具,区分了上下场。一个半小时,没有睡意、没有倦怠。

罗西尼、贝里尼、唐尼采蒂、比才,这些一百五十年前到两百年前之间的歌剧作曲家的唱段,沿用着经典的巴洛克叙述套路,无论歌词无论曲风,芭托莉都唱出了属于这个晚上的精彩。

依赖文献塑造的演唱,透视了演唱者的心智、经验和功力。令人惊诧的是,返场多次,芭托莉没有讨巧疯狂如痴的观众,去唱一首中国歌……

也许坚持内心的独立考量,去经历、体验可以触及的资源平台,并且找到深刻的平衡点,而不是急于表演,才有可能像芭托莉那样触摸到音乐的真处。只有在这种准备充分的状态下,互动就不会有讨巧的念头。芭托莉懂得音乐与语种无关,懂得音乐要依赖体验,依赖漫长的认知和经历。

由此,想到了充斥在我们周围的一些音乐秀。它们在一个规定的时间、预设的空间里,绑住音乐者进入比拼。仰仗外部效应,极端地弱化个体的私性体验。这种圈定式的做法,也许能够从青菜里挑选出想象的萝卜。但是音乐的进步与分道却被所谓的"目标"与"速度",惨淡地推到了唯一。

常石磊,这位写出并且唱响《哥哥》《high 歌》的音乐人,也差一点倒在这样的水池里。

常石磊有着非常准确的音乐体认水平,无论他的作曲、制作、演唱都能体现出深刻的内视能力。所谓内视,就是知道心系的所有,不是争夺或者选派的结果,不是逮着某一点进而长驱直入的信念,不是由此及彼地简易组合、保全形式,而是水到渠成,没有强权地抵达的平衡。这是心止合围、动传佳音的发生与果报,它是依靠机缘带动的觉悟。

按照功利的看法,音乐是人的生老病死、喜怒哀乐的情绪载体,心理学也有这样的推认。如果音乐真的只是载体,工具效用必然是它的结果。于是我们相伴着工具行进,工具决定了我们的所有成果。那么,鸡和蛋谁先有的争执,正是我们从中制造好恶、对立、冲突的源泉。

音乐应该是平和的,它与自然是平行的,人们生活在自然中,音乐家生活在音乐的自然里。

音乐的进步是自洽的。虽然它与人有关,但是对音乐的理解和深入，绝不会因为掌声鼎沸而变得简单快速、容易辨认、讨人喜欢。在这一点上，任何试图以多数、提速、出头、比拼、推广、盈利作为诉求的向往，应该不属于音乐。

安安静静地做做功课，深入实践中去独立体验，厚积薄发才会来到。这就是为什么只有芭托莉才是这个世界上次女高音的一姐。

或许音乐也是个养身的资源物，我们是冲着食物般诱惑的兴趣投向它，但是准确的养身，还是需要知道自己的品性、知道自己身体的特定情绪，以便对症。否则，命定了养身，做法还是莫名其妙、随波逐流的。所以，一流音乐家能够化身音乐，体认世界，了解自己，懂得节奏，把握分寸。塞西莉亚·芭托莉的演唱正是如此。

2015 年 5 月 10 日

重听 Cohen

加拿大歌手 Leonard Cohen，今年已经七十五岁了，近来常听他的歌。

Cohen 的嗓音异类，声线干涩，品位老到，很有沧桑感。那些宛如家常的吟唱，如同说白，清清淡淡，平平常常。即使情歌，也没有煽情动欲、声嘶力竭的号啕。

打开 google，搜寻到了一些关于 Cohen 的文字，这些文字正描述着 Cohen 以前的经历。

他算是"垮掉一代"的诗人之一，比迪伦、滚石和披头士年长一整个时代，比猫王还大一岁。他比所有摇滚乐手都更早地去尝试迷幻药。十三岁就学习吉他，也玩过一阵子乐团。上世纪五十年代，Cohen 已经写了五册诗集、两本小说，被誉为"加拿大有史以来最重要的作家之一"。他享有父亲的遗产，浪迹天涯，过着波希米亚式的生活。他是个离不开女人的男子。Cohen 早年的情史，据说可以写成厚厚的百科全书。早在浪荡的青年时代，

Cohen便已经对东方玄学大感兴趣。1995年，他六十一岁的时候，剃度出家，到洛杉矶市郊的禅寺去当了和尚。一直到1999年方才还俗。

Cohen以前的经历奇特，跨度大，变化多。看上去他散漫、自由地走过许多风口浪尖。有意思的是，这些经历似乎也巧合地贴住了时代进程的许多流行脉络，并且留下了一些引人关注的"故事"。

观看别人的路线和风景，并且以此审视他们行踪的线索，给以不同串联，这是我们断事的习惯，但是这种多少属于"外面"的东西，又能实证多少属于别人的内在世界呢？

当Cohen以颠覆习惯、反叛出挑的行为组织自己的生活时，看起来也好像顺道在世人变化的眼界里……但是希望领头，抛头露面，这是世人的愿望，Cohen只不过把自己沉浸在各种经历的体悟中吧。

推开细节，远远地看去，Cohen虽然不断地走过一个寨子又一个村落，却别无留恋地锁定在自己的旅途中，我们感兴趣的景观不过是他的一个驿站。

以非常个人的特点，实践着生命的历程，这是Cohen的工作。在我们看来，共有的路径，相似的外观，是很具有吸引力的。但是对Cohen来说也许并不意味着什么。因为Cohen对音乐或者文字的经历与我们的看点正好不同；这也许就是我们这些俗世者，迷恋物表喜欢冒尖的天性吧。

重听 Leonard Cohen 的歌,感到他已经生活在另一个世界里了……

2009 年 1 月 18 日

夜行

她走得很轻

像风用树枝在深夜举步

大街上

路灯不停地

重复玻璃背后的晃动

像越过眼睛的线条

没有离开

总留在黑发瀑布

密集静止的

暗游中

蓦然秋雨

她回首

1989 年 1 月 10 日

画中索味

查国钧画展印象

"混沌系列之二"作为一个标题,或许是查国钧先生引导阅读的一次策略。得到题目之初,我就想到了普里高津。想到了这个 1977 年诺贝尔化学奖拥有者高墙般的成就,以及他在我们视线上的博大和伟岸。

作为一个在写实领域长大的画家,画册中查先生用仰视方式提供的形象,同样让我不能忘记从幼年起就同步生长的对伟岸敬仰的那些还在沿袭的用意。

再看身边的画家,应该平实多了。画家身着很有质感的黑色上衣,戴一副雅致的眼镜,对无论是熟悉或者不熟悉的人都报以和善的笑容和可鞠的问候。美国式的开幕更让人相信,查先生已从欲望的窗口飞离,在富庶的城池里闲性唱景。

对一个开放的城市来说,画家玩画画的说法可能是功利的,企求自己预设的目标 这是我们这个城市还在延续的气息。

太太告诉我,这些画她也能画。太太也许是幼稚的,但是开幕展上大家伙儿相互招呼寒暄的气氛已远远地跃过客人对画的观看。对习惯于视觉写实的中国人和同样习惯于精神抽象的中国人来说，接受相互之间的雅致关照，遮蔽个人已经归位的心理企图，也许比画展本身更能带来个人的企图。因此在有目的的非目标所指下，画展参与者个人的情绪或目的正在画展里不断地向周边扩散、绵延、交叉、肢解、游离……

能指的在场，让老练的客人跟着自己的企图飞游。幼稚的阅读者变得认真起来了。

于是，掠过为画家数列的所有高大而又伟岸的文字，再去看画。

我感到，人人的话是合适的。至少，在某个层面上，当个人能够直面自己不被预计的心情，并且体会到此时此刻对存在的感激——尤其在这个平民化的世界里，这更是反教化的开端，身心的一次洗礼。

查国钧的画和查先生本人，也许正是在这样的状态上带给了我们机会。十五年的蜕变对一个中国人来说是重要的，"异域"的"苦海"是在个人的实在中流过的，但可贵的是，它没留痕迹。如果哪一天在一个重要的画展里只有少数几个人，我想，这大概是开始了。普里高津的观察和画家喻名旗下的一次聚会，会让爱画的个人有机会去自由地激动一下。但是在同一种形式下，它不会属于每一个人。

潮流式的涌动还在持续着，但它只是给了一个人一次不必计较的机会，一次属于愉快而又轻松的游历。因为，在它后面还有第二次、第三次……

在此，应当感谢画家带给了我们心理意义上的成功和希望。同时通过画家也让我们看到了更大的反面，那些已经变得认真起来的幼稚阅读者。这些阅读者，在更大程度上是读着他们自己的心路历程。他们的阅读方式也许更加接近普里高津的观察。

2002 年 1 月 15 日

创作与命题

关于姜建忠油画"洋务运动"的对话

李静方：你对指定历史题材的创作是怎么看的,又是怎么做的?比如你目前接手的有关"洋务运动"题材的油画创作。就创作母题来说,是官方指定的;就创作来说,是你个人进行的。当然你是凭借大量的文本资料,通过你个人的方式给以解读、构建或者想象;不过官方也是以同样的方式给你命题的。你们会一致吗?当然方式相同的观察,也并不意味着结果的一致。那么你与官方之间是怎样来协调这种结果的,会有压力吗?

姜建忠：接手这份工作我有些忐忑,它既是一份荣幸,也是一次考验。因为历史上已经有许多前辈画家做了相似的事情,而且他们做得都非常出色。这是令人敬畏的。就我来说,只想把更多的精力放在创作上。协调与结果不是我主要关心的,我只做顺势的事情,做自己努力去理解的工作。不过创作的过程,却让我感到棘手,因为我已在前辈画家的经验影子中,却又渴望从中走出。自己始终处在一个进入、返出、困惑、清醒的交感过程之中。就具体的经验而言,它们时而清晰、时而消遁,并不守着顺序产生。游离、残断,以至颠覆、反置、混淆、交叉倒是经常出现的。任何设想好的东西,很难留到最后,瞬间的东西,却反而得之长存了。这之间充满了选择的博弈,它给绘画的组织定向与空间自由设置了非经验的处境,这种处境就像夹缝里突然爆出的苗芽,看起来是一个结果,但是纯属偶然,尤其当你试图复制它的时候,困难更大。所以我更多的时间只能沿着一个方向,以重复或者不断的方式去选择、肯定已经出现的一些结果。然而时间越长,关联点越多。关联点越多,抽象的能力要求也就越高,相反表面的东西就越来越趋淡漠,越来越变得微不足道,此刻我所面对的只能是自己匪夷所思的内心世界。另外,历史是一种时间结果,对它的复活,通常也是没有可能性的。我们能够被指正站在了历史的前沿,只是一种愿望或者看法,这种愿望与看法是不能和必须经历的结果互换的,更不能与之互为因果的。因此,对这一次历史题材的创作,我所秉承的原则是异化的再度创作,这也是我在当前接受这个命题时,对待命题的个人看法。当然有了这样的看法,我就不会再去推测某种结果了。

李静方:提出上述问题,是因为在操作日益精细化的今天,专业是以技术的高度体现的,而命题总是混淆着多个技术要求出现的。比如你是一个油画家,洋务运动则是一个事件,一个政治操作引化的结果,当你不是一个政治家,或者当你不用政治的话语方式去讨论政治事件时,你是怎样去完成与政治工作相关的对话的,其中你获得的自由又有多少?

姜建忠:"自由"的问题非常微妙,它有很多支点,有很多习以为常的解说,尤其当你面临与命题混淆的多个技术节点时,陈述确实变得困难。不过按我的理解,任何事件从理解的角度去看,都可以被认为是一种操作引化的结果。因为人文史的建制确实与选择有关,与选择的当期背景有关,因此艺术与政治只不过是事件的两个选项。面对选项,我会去找有关的交叉点。而我目前所做的工作,正是以自己的能力去处理个中语境的交叉问题。当然,这些交叉问题的节点,还是会留在绘画与绘画特性有关的技术方面。因此我不会花很多精力去关注其他我不专业的问题,但是我会全神贯注于自己手头的工作。不过讨论起因与设问也是很重要的,它是一个思考的引动机制,能够诱惑我直接进入自我对话的整理过程,这是非常具有现实意义的,也可以说,在某种程度上这正是我去理解掌握自由的权柄。

李静方:谈到自由,总是与画家的专业和技术有关,但是事件与绘画的语境,毕竟差异极大。那么画家又是通过什么方式既保持作画的自由,又能深入对事件的描述呢?比如你目前在创作的"洋务运动",事件主体不讨论了,绘画能够直接展示的,也就一个或几个关系场景了。那么你是怎样通过这些场景"说服"观众,也就是说,你是怎样通过你的专业技术打开公众阅读的大门,包括官方?

姜建忠:创作的入手角度很多,问题都很专业。不过我所做的必须基本符合公众或者官方对我的要求,并且符合他们习惯的解读方式,这样就容易达成目标。对此我提供一些画面制作的看点。在经典写实画家中,我比较喜欢委拉斯凯支、蒙卡契、德加、赛罗夫、尼古拉·菲钦,以及国内的何孔德、陈逸飞、俞晓夫、杨克山等画家的作品。这些画家在驾驭写实空间的时候,都表现出相当惊人的写意洞察力。比如,委拉斯凯支擅长对画面景深的处理,这种处理具有警觉、森严、灵性以及超越空间次维的特点,他所动用的资源看上去并不全在人间。匈牙利画家蒙卡契的画,黑白关系特别好,尤其在人物群像的组织处理上这种优势特别明显,受光面的凝练与背光面的沉积非常对位,中间层面的影像尺度也把握得敦厚恰当。尼古拉·菲钦则表现出对笔意的深刻理解,他的出众是因为知道笔与对象的本质关系,他在这方面的能力几乎无人超越。德加的伟大,是他的写实毫无冰冷的感觉,温婉中精准得动人,尤其他对细节的控制能力超乎寻常。另外,陈逸飞的唯美与娇柔,俞晓夫的轻灵、松弛与自由,这些都是令我心仪的养料。采用三联画,是因为考虑到两个方面的内容,一是在我查证资料的过程中,得知有三个不容忽视的历史内容。当时江南制造局已经有了武器生产车间,并且在生产上初有成果,同时对武器资料的引进和翻译的工作也在如火如荼地进行,另外还有国外人士的友情参与和合作。二是考虑叙述习惯上的方便,也是为了让单一的作品能够分别承载上述的内容。所以我采用了有浓缩连环画之称的联画结构来表达主题。同时,我也考虑采用色调调节和次序编排去反映不同叙事层面的隐喻特征。比如三联画的次序是由左向右顺时针方向展开的,最左边棕色调的画面反映热切的枪炮制作车间的工作效果,中间暖灰调的画面反映码头、武器、军舰以及内外主题人物的合作象征效果,右边冷灰调的画面则反映资料翻译以及文本研究中紧张而又有些陌生的环境效果。在三联画的尺寸考虑上,我也做了一个安排,中间画幅的尺寸最大,是左右两幅的总和,整个画幅,如果放在一个常规的展示空间里,都能够让观看者尽收眼底。同时三幅画共同采用了一个焦点的平视效果,这样观看者也容易自觉地走到联画的中间位置。在色彩与光影的处理上,我强调主客两者的混合,画面的整体色彩和着光,采用了完全虚构的特点,细部展开则重视实际景象的样子。因为现代绘画重视混成的视觉效果,重视现实与虚拟内容的对应扩展,并且非常重视利用想象去跨越它们,在这一点上,我看到了古典主义的局限。在针对性的对象处理中,我利用边线继续强调我对画面结实感的表演习惯,比如军舰、枪炮武器的效果以及人物大型的外围处理等等。也就是说,我希望通过轮廓在即将消失时的收守分寸，强调画面的敦厚触感和"纪念碑"效果。

李静方：一旦画家打通公众的阅读大门，来自四面八方的评价也许就变得举足轻重了。当画家的体验与公众的趣味产生冲突的时候，画家还能找回自己吗？当公众以相似去看待画风类型，简单判断的时候，画家还会自信吗？

姜建忠：实际上，在艺术创作领域，任何一件作品一经问世，它的解读所有权已经涣散，画家是不能完全沉湎在众说纷纭的外部评价里，并且以此去肯定自我。画家需要的是通过自己对创作的工作，回到认知的层面，有了这样的层面，画家的所谓"自我"已经丢在了过去，宽容就会体现。对于绘画被引向相似的看法，这有社会心理学的根源，因为它的母题太大，我只能非常简略地说，人行为的理由，主要在于简捷对外的反应，并且以此获得对外部环境的快速反馈。在危急的时候，这是最好的方法，但是在艺术创作领域，这样的方法过于简单，过于粗糙。艺术本身就不是一个急险的物用处境，它本质上是一场游戏，是由一些莫名其妙的没有自然风险的来来去去汇聚的环境游戏，尤其在我们这个存在资源已经被发现得比较丰富的时代，这种莫名其妙的来来去去也许与未来承系着某种关系，但是要去厘清这种存在关系是需要经过漫长的时间消化的。这大概就是我所理解的艺术效用特征，以及它的未来价值。不过，时间的走道也是奇怪的，你只能顺随它，不能违逆它。同时时间也是空间变化的幽默制造者，任何形态上的变化以及理解和表演的变数都与它有关。因此在我看来导向不一样的时空程序，正是艺术的正交点。对我来说能够用足够的耐心和毅力去承载外部的变化与解读，并且顺随时间大师的步伐，这是必需的。

李静方：如果画家能够回到自己，那么作品显然就成了一个附属物，充其量是画家的一个影子。当然画家也可以重新面对自己的影子。在某种程度上英国哲学家卡尔·波普尔就是这样看的，比如他对知识世界的独特描述——当然这种独特的描述，已经镶嵌和交杂了自然与精神的双重领域。在现实生活中，我们可以碰到许多这样的细节。比如虚拟的网络世界，抽象的游戏，艺术创造的漫无边际等等，这些都是以虚拟和实在的名义组合起来的自然与非自然结果。但是按更接近我们所处环境的"自然生命"特征，画家应该是陷入孤境的。伊戈·普里高津对熵的描述性看法就是如此，根据他的描述，发生的结果，无法再回本来。这样的描述本身就是时间特征的。逻辑地看，如果依从前者，作画与事件的关联更多的是一次充满虚拟自由的选择游戏，没完没了，无始无终，循环发生；如果依从后者，作画虽然与事件承接了交互，但是画家通过体验达成的作品终究是身与影的两回事，它们分别终止在自身。也可以说，这两个问题都与画家必须承受的外部世界与公众趣味相关，对此画家将进入对应、博弈和选择的无限过程。

姜建忠作品——解读戴安·阿勃丝 No.4

姜建忠：外界本来就是复杂的，再加上各种人为因素，这复杂性肯定大大地增加了，这是我无法改变的客观。但是我更多关心的是自己艺术体验的历程。我感到人只有到了一定的年龄、具有相当的认知能力、经验水平，才可能看清楚承前启后的位置，这包括创新，对过去的理解，对自然、精神、人文选择的对应。当然判断和准确性还是重要的，因为它将反映创造者的能力，但是这种能力的形成却在于个人经历、体验与当前表达的对位程度，它并不完全依赖于已经有多少人做出的认可。因为公众圈子也是经常有问题的，他们通常是寻迹而为的，依赖先在的理由，并且以结果倒置起因来推断事件。学术的经历则是归元，是在错综复杂的经纬中寻找交集、相应机缘，它无法急功近利，只能按部就班。从另外的角度来看，创作与表现的水平等级还是存在的，它至少有两条区别的线路。当表达与接受同样获得珍视，并且能够被平静地对待时，这是一个层面；当表达与接受是错位的，并且引来心潮起伏对错攻守时，这是另一个层面。不过这都是指对本体的说法。同时，我也深刻地感受到，面对画面结果，语言交流总是困难的，是有距离的。画家与画室构成的平台，只是绘画相应事件的一个切点，我也许只在这一切点上才解决了作品及其命题的相应，其他的大概都不属于我，而是"读者"或者"外部世界"的权力了。

2008 年 11 月 26 日

不再动情

把作品做得巨大,或者把作品做得很小,这是雕塑上的常态。按照经典美学的看法,巨大来自人对超越自身之物的敬畏,微小则来自人对俯身之物的爱怜。

擅长女人雕塑的杨剑平,在把作品做成一米见方的时候,敬畏和爱怜就被一种视真的距离分装在不再"动情"的感觉之上。于是,面对这些不再动情的作品,观众将看到一个只与布幔有关的场景。这是一个不再引起敌视和亲近的具有现实距离的场景。这些人体或坐着、躺着、蹲着、站着,在空气流转和不显方向的空间里,她们仅仅是个位置,一个与布幔有关的位置。

面对这些神情冷漠、表面光滑的人体,观众可以安静地走在周围,可以伸手去触摸,却无法凭借"想象"去展示属于感觉之外的记忆。

观看,仅仅是观看。也许就成了杨剑平的策略。一米的尺寸也就成了杨剑平的标识。杨剑平说,尺寸一直是他与雕塑之间可以遵循的联系。

也许现代人对复杂的企图和过于简略的手法之间存有一份质疑。因此，不再简单地面对复杂正是杨剑平雕塑的特色。

对于我们现有的视野，杨剑平雕塑的那份距离也极大地限制了我们已经希望的目标。我曾对杨剑平说，如果从装置的角度来展示和设计你的雕塑，你将如何预感？杨剑平没有回答，他只是淡淡地越过话题重归在单一的雕塑之上。

单体化，以及为单体化展示的整个工作，其实已经把杨剑平的雕塑放在实际操作和差异的演化之中，其他的因此而变得遥远了。因此，坚定地肯定一种自主感受，一种仅仅喻名化了的形式，这才是艺术家的唯一，它与身份没有关系。也许这正是杨剑平雕塑的一种建设，它来自艺术家的特定感受。

1996 年 2 月 22 日

丁乙的特殊绘画语言

映入眼帘的这些有着密密麻麻细节的作品,首先给人的感觉是厚布般软软的,它似乎在观众与硬墙之间建立了一种缓冲物。面对这种缓冲物,于是联想到了紧贴肌肤的衣服、被褥,甚至于住宿用的蒙古包。在显示"分隔"的惯例里,这种缓冲物似乎也有了一种形式上的意味,那就是把"分隔"本身模糊了。

丁乙的画,首先起手于工整的画面分隔。我们可以从他原画中依稀可辨地看到垂直与水平状规整的分隔线。然后,随着制作的深入,这些线瓦解了,代之而起的是由每一个单位平面不断外移形成的更大的随意平面。

1993年以前,丁乙似乎还在做着把"分隔"外显的努力。1993年以后就完全不同了。特别是《十示94—B13》已经完全离开了之前的分隔故事。通过体验和感觉发展的变化,在艺术语言里是件好事,它至少恢复了一种重新感悟媒介的自由。

对于丁乙来说,这种自由好比冲出蒙古包,让自己的肉身肌肤直接接触在阳光和空气中那样。在试图重新感受媒介的工作里，丁乙的工作或许还代表了这样的提问：已有的分隔准确了吗？是不是还有其他可能？然而，有一点却是明显的，丁乙没有消除存在于我们视野之间的那层东西，他仅仅把它软化了。在未来的道路上，丁乙或许还将面临许多问题，但是，他已经开始走出了陈规。

1994 年 11 月 11 日

序《飞者非鸟、潜者非鱼》

我们正处在一个功、名、势、利笼罩的环境里，任何个人的企图，都将深刻地侵入叙述。带着自己的想法走进别人家谈论，虽然会有许多貌似的"共鸣"，但终究是"隔靴搔痒"的。

如果一个人能独自"旅行"，那么就让他独自吧，远远地欣赏他，已经足够了。因为你看到了另一个独立的生命体走过，他和你交叉了一下，然后分道扬镳，这大概才是生命的缘分吧。

回看我们周身，离开我们用于方便的概念、分类、想象和目标，我们面对的只有"现象"，一些非常原初的现象。虽然小草或蚂蚁也是生命中的另一个类型，但是种群内的生命，依旧是以个体的存在方式表现的。比如我们能够看见的只能是非常具体的一棵一棵的草，一只一只的蚂蚁，一个一个的人。

在这本集子里，我们看到了韩绍光老师创作旅途的一个个"驿站"，看到了这些驿站中已经寄存的困惑、迷茫、矛盾、纠结、憧憬、思辨、想象和激情。

就像离开了参照，手足无措、随性飘荡，自由落体成了现象。耗散理论创始人伊戈·普里高津在研究蚂蚁群体生活中发现，头蚁觅食的路径总是弯弯曲曲甚至迂回的，面对茫茫无际的前方，面对缺乏参照的空间，弯曲迂回的路径是无奈的选择；一旦找到食物，头蚁定位的气息就为后续蚁群带来了工作的捷径，从这里我们看到了承续与创造之间的分道。把这样的观察演绎到人类，人类作为星际空间的一个物质单位，他的开创也像头蚁一样迷茫；把这样的观察演绎到画家，面对创造，画家也只能像头蚁那样了。

这样的处境，对已经习惯并且心仪"教化、常规、方便"的我们来说肯定是恶劣的、恐惧的。但是这样的处境，对创造来说，几乎无法避免。所有涉及创造的工作，在我们的行为词语里变成了"拓荒"，想一想拓荒的时候，面对杂乱无章、没有前兆、没有头绪的时空，我们能说什么呢？难道述说苦乐衷肠、感叹情绪吗？

在叙述的空间里，表达总是经由对冲而映照的，它由一个相互的前提导出比如下列的一些概念：理性和情绪，现象与体验，历史和现状，陈述和无言，依靠和独立，得助和无助，直行和绕道，平齐和参差，出世和入世，深究与浅尝，开心和郁闷，信仰与无神，好与坏，是与非，对峙的形式组成了不同的"文本"，也成就了我们不同的眼界，于是《迷思》《迷失》《飞者非鸟、潜者非鱼》……

还是让画来叙述吧，我们则用心地去聆听！这是唯一可以留下的阐述，也是不会介入陈述"困境"的一个切点。

至此，请打开书页，用你的心，用你的眼界"独立"地去阅读，去成就，去演化，去组织，去省悟。

在此感谢韩老师给我们带来的无私的体验奉献！

2012 年 4 月

"壳"的世界

当斯蒂芬·霍金用"壳"的比喻,来造型这个世界的时候,语言的向下努力,依旧无法排斥解读困难。对于绝大多数人来说,"界外"语境依旧是影响我们突破进取的一道至深的坎。但是这丝毫不会影响霍金先生作为当代最伟大的天体物理学家的魁名。

当阿忠用他的迷离色彩,通过街景、静物、村落、市井,相似地去打造一个属于他的世界的时候,我们也陷入了一个关于是逮住表皮还是深入内核的解读困境……

物性的我们,用眼睛去看"世界",这是一个天启的事实。太阳更是用它的亲力亲为为我们礼化了所有物在的外表。戏剧学院的美术训练,就是为了强化我们眼睛的特定看点。于是被定义了的方向,与某种特性人格的相互演化,成就了这种围绕眼睛处置功夫的风格。阿忠就属于这样的人。

说是围绕眼睛处置功夫,指的是视网膜反射为主的活动体验,有些类似印象主义,但是它不是印象主义。有一个贴近的案例——德彪西音乐。德彪西最大的贡献就是把音乐的特质向视觉边界无限地靠拢,以一种贴近边缘的方式把音乐转向为几乎"可视"的状态。在这一点上阿忠则把绘画的视觉性几乎减持到了只"视"的边缘……

在拐过图式象征、技术演化,一直到今天观念影响的绘画历史中,眼睛与观念的当下组合,其解读上,就是普世价值中引领向上的宣言——集体欢愉、互联网式的平权交集,以及对未来尽情地想象和憧憬……

这是针对历史"苦楚"感受同质化的一个反置"理想",它试图突破人们已经经历的过去,并把它命名为对未来的创造……

然而,这种情享乐天的写照,打开的则是令我们不能气闲静定的另一块天地。这种以纯粹想象为幻化的诉求焦点,同样犯着"苦楚感受同质化"一样的错误,因为它不但扁平了我们处境的立体姿态,还让我们在相互拥有的那一时刻,进入了单一的"概念"层面……

阿忠的绘画生来没有"苦楚",也许那种苦楚已经被阿忠的存在方式演化成了某种特定的表现情愫,形象地说阿忠的表演只浸淫在阳光式的斑驳里。打开阿忠的存在菜单,扑朔迷离的身份、光怪陆离的角度,以及齐头并进的技术集合——就像趣味流传的美食,轻易地就把我们带到了直观的味觉——一种几乎停止了思索的感性。

交友则是阿忠的另一个姿势,一种剔除精粗、好恶、生熟、近远之分的解化工具,通过这个工具,阿忠把相处的高、低、内、外、贵、贱、神、俗统统裹化在了一层暖意的象形织体中——感性的热情在那个统筹的时空中,燃烧并养化着。

也许感性的导索正是阿忠艺术的效用焦点,他执着而又平顺地走过了四十多年……

问题是,我们在看的阿忠是某一个阶段的,或者现在的,抑或终将成为历史的,这必然源于我们看他的方式。遗憾的是对于"存在"的看点,通常我们并不愿意花上漫长的时间,独立地感触,以及深入相处、细微观察、下沉体验,进而进入创见的过程甄别。体验的下文在我们的习气词典里通常是快速地向外判断,而不是深入内里缓慢地自觉掘进。一个资深艺术家为什么能够一以贯之于终身,其实质就是懂得任何已经被看到的东西,并不是表现的全部,所以他不会轻易定式。也就是说资深艺术家清楚地知道,一旦在主体外部形成某种解读模式,艺术家自身的实证活动将被严重地忽略或低估。然而,困难的是在这个以快速为指认的职业化时代,无关实质的"定式"通常轻易地就被炼化成了阻止个体自觉静心进入探索的牢笼,活性存在的"我"总是被一个个僵死的外壳注定。一旦我们用习以为常的"效用是非"来判决这个世界,便捷意愿一定会左右我们的视野,于是我们就会离开"自然"的无界航道,丢弃探索并走上"城市"中已经规划好的公路,此刻那些复制的套路也就成了喻名"创造"的轻便马甲……

　　那么，在这个用模式来便捷意愿并且碎片化的反系统时代，我们是不是可以重温一下康德的格言："真正的自由不是你想做什么就做什么，而是你不想做什么就不做什么。"

　　正是源于这些原因，我依旧关注着阿忠和他的那份单纯的艺术。

2015 年 4 月

观察与处境

关注胡溧,是源于1970年代开始的交往。这种交往一直在一个简单背景中进行,说是简单,因为这种交往只涉及讨论。早期讨论很密集,1990年胡溧去了美国,此后的交往就变得随机了。目前胡溧是威斯康星大学的终身绘画教授。

在胡溧众多绘画作品里,有一个征兆是引人注目的,这就是"围绕黑洞周旋的无头人"。

从1989年的大型主题画《Birds of Nu Who——女娲》开始,这个特征就出现了。这是一幅人物密度较高的近景六联画,画面人物的运动中心,正是"黑洞和周旋的无头人"。由远处集群,四肢健全、行为世俗、急速而又蜂拥过来的形形色色人物,正在走向百般寂寥、意识不清、自发趋同、中心空泛的窟窿……画面的细实、形象的丰富,所向的视觉与我们所处世界的热闹几乎并驾齐驱。不过"补天"的象征,正被地面的无明深渊摧毁。我们力行弥补的地方,和实际沦陷的位置风马牛不相及。在这里画家引出了他的独有观察：即使众人所言的巨大成功，在宇宙视野上依然显得雕虫小技，因为我们还只是活动在人言喜庆的自恋境界中。画家的光碟图录中，编号32、33、35、39、40、41、42、43的众多作品，也正是以这样的特征，多重地演绎和表达着同样的主题。由于这些画的外观比较一致，辨识就显得容易。

那些外观不一样的作品，它们的辨识又是怎样的呢？

胡溧曾经谈起南京大屠杀。在他看来，父辈时代的经历，已经转化成了一个时代的集体记忆。这一段抹不去的东西，成了一个特有的指称。对待这个指称，胡溧曾经回国多次考察，主要通过文献资料以及部分人的回忆，完成了《南京大屠杀》这幅综合材料的大型组画。感慨的是，混拼结构的画面，传递了一种模式，攫取的元素虽然通俗，但是它被赋予了绝对象征，陈述的链接和指向，就像城市中的道路，从一开始就被决定了。行进与学习最大限度地被指定了，体验弱化，指称放大，决定的"外观"成了判断的条件，无论是生造的汉字，还是血腥的场面，一种规定的姿势笼罩着它们。关键的是，"外观"并不就是事件的全部，符号的效用一旦锁定，便捷意愿一定会扁平事件的内质。从现象上说，一个内外并置、浩繁复杂的事件整体，是不可能经由某个个体或者一种专业去复述的。尤其当它是一个政治事件，表达的困境是可想而知的。所以当指喻规定了事件，从学习上来说，损耗的不会是其他，而是人的深究和判断能力。尤为重要的是，它能从根本上朽化人的认知发展。胡溧另一组同样带着政治嗅觉的画，似乎体现了相同主体的另一种玩法。比如就慈禧这样一个已经离我们非常远的人物所作的变体画《Four Images of Dowager, Empress》《Dowager, Empress No.1》《Dowager, Empress No.3》《Dowager, Empress silkscreen》等等。

画家把"慈禧"安排在了不同的画面构成中，并且以多形态的方式表现了慈禧这一事件符号在解读中的多义性。虽然画家的演绎在这里还是用了一种方便的形式，但是它更多体现的却是实体"慈禧"之后的御用：一个离开了原型的图影。历史原型慈禧的那些人格特点和时代处境，比如强悍、独断、神秘、控权、生活形态、行事准则、交换方式等等，在画面里荡然无痕。那些细实似乎已被远去的时间稀释了。轻便的处理，释怀了试图复原历史带来的沉重。因此，当慈禧不再是一个决定指称，那种深陷于"我"的纠结就解开了。"我"就不会再为一个过去的曾经存在而以为举足轻重了。

同样，上述的说法也与我们的生存处境相伴着。人是顺随时间过续的生物，我们只能一代一代地接力，一代一代地审视，一代一代地更新体验。那些停在"外观"上的东西，总是顺应一个个体的消亡而一并解体的，毕竟"我"已经离开了，生长虽然没有断裂，但是孕育却以新的方式开始了。因此，看过去与想未来毕竟无关现时的处境，学习历史也不仅仅是为了记住它，尽管我们时常会说记住过去是为了吸取教训，但是体验的终结总是以人的当下感受而发生的。因此对于"我"来说，除了感受之外，其他的只能是"传播"。所以在体验范围里,"我"终将面临此刻的边界。无论"我"怎样努力,依赖体验的个体,终将因为"此刻的终止"而终止。因此我们会用"发展"的说法去陈述过往的事件,并且谓之历史。这也是人文史的建制和传承。比如胡溧取用女娲补天的故事、慈禧太后的传奇、南京大屠杀事件等等。

从本体的角度看,"我"所面对的只能是一次与"读"有关的经历,尤其当"事件"随着时空的过往经历发生着变异和生化的时候。应该强调的是,这个"读"与原先的"他体"经历没有决定的关系。所谓的"读"只能及表,就我直面的现象而言,即使我们觉得已经掌握了庞大的论证技术,过去的存在与"此刻"的自己,在感触上还是关联不上的。换一种说法,"读"只能是面对另一方天地展开的有关自己的想象和觉察。关键的是这另一方天地也许正是你之外的一个并行常态,它的存在不属于你,但是它却可以并置于你。你的读取只能是你看到的。这就像我们每一个生命之外会有另外的生命相应那样,你无法仅仅依靠看到来证明它;每一个年龄之外,会有另一种寿数相对,你也无法因为自己的年龄成数而来求证他体的终极。面对同一事件,我们又会在不同的角度和时间里诞生出不同的体验和感知,更何况每一个时代、每一处地域、每一件事情、每一种价值、每一个取向、每一种表述、每一幅画、每一个人,又是那么不尽相同呢。

"处境"就是"事件"在此刻撞上了我,于是我开始了关于"我"的体验。问题是,这样的体验怎样才算符合了"我"和

"世界"之间的关联呢？这就引出了关于画家的当下看法，以及与这些看法相伴的个人性。

这个人性是唯一，它没有替代，它的作用只能属于此刻。其实生命的个体"表征"就是某一时空的限制点。这既是一种非我的"客观"，也是一种无奈的处境。画家的一组《移民潮》，似乎准确地体现了这个特点。《移民潮》的画面，同样以类似《女娲》那样密度极高的人物布局，但是它控制了表现，视点又是推向远距离的有限时空的。画面就像历史长河中的一段截图，一个碎片，"个人"以隐退或者趋同的方式化身于"群体"，"群体"成了个人集合的一个聚会，演化与即成组织了"我"的处境。画家在这里启用的是互补，而不是我们惯常看到的"替代"。这种用法符合现有知识的认知水准，因为从现有的知识中我们知道，宇宙不是一个均衡的分布体，普里高津把它形象地描述成噪声般此起彼伏的世界。借用这样的思考来观察，绘画作为一种传播，更多的时候、更多的走向、更多的意味是作为一种"职业"或者专业兴趣来呈现的。它的特点就在于工作中融入的个人癖好、习惯、趣味、局限、判断。所以一旦当"我"过激地坚持抽取某一"细节"或者凝固某一个点位来经营取代其他的"呼声"时，"我"很容易地就强制了这个此起彼伏的世界，而失缺与"其他"的"共存"。困难的是一事一物都有它自身的天赋"立命"，而"共存"对"个体"来说，通常又只是相互之间的某种交集。碎片的现实通常又无法平复个人现世的满欲和心气，因此普里高津的描述看起来准确得有些令人惊悚了。不过牛的是，我们依旧相信我们立命的这个世界中，我们属于物种的顶端，然而在宇宙尺度上，顶端的可能只是一道光或者一波热。同时画家自身也经历了一场重大的身体劫难——这是画家个人的，别人无法身临其境的经历，尽管我们貌似已经掌握了大量的他体资料，并且相信能够以此去主宰"他有"的可能变故和问题。遗憾的是，这些资料虽然坚实，但是依靠这些资料，我们依旧无法担当每个生命个体的处境和结果。至深的是，"此刻"对于"我"的无情终止以及与"他"在的毫不相干。这让我们再次回到了"围绕黑洞的无头人"以及表达生命进程的《移民潮》——一道针对人的意识陋习投出的设问。此刻，"我"的无意识习性正承受着外界的拷问，不过这样的拷问好像已经存在千万年了，然而它的现实觉醒又在哪里呢？

也许在这个世界上，用"平衡"去相应处境，并且拥有宁静、独立、精深、反省、理性的素质，而且这些素质应该成为人对事物的首要判据。同时，我们重视的应该是围绕生存缓慢铺就起来的一个关涉整体的世界，以及逐渐培养起来的懂得适度作为的洞察力，而不是放纵欲心进而分离出来的某种急速而又极端的目标。尤其当我们痴迷地以这些目标来委身，并且以"显"的方式昭示这个世界的时候，"隐"的那部分呢，也就是我们尚且不知的那部分又在怎样作用呢？

此后画家完成了一些近作。这是一些小制作的作品，小小的

韩宇光作品——餐桌下的懒猫

尺寸，比如 15cm×20cm。制作轻松，一气呵成，它离开宏大叙事，离开主观、离开念想与欲求，技术的担当也不再神化了。视觉转成的生态——已经不被心念的目标荒芜，画家正在回向生活，回到它开始的淡然和常态。

2014 年 10 月

行中画

　　张晖平稳,一如他的雅致、安静,不事高调,也不显低俗。在把"激情"高质常态化的今天,张晖看上去平常,甚至有些不入流……

　　世道轮换,潮举浪尖,经历和存留翻篇的总是一些被挑选后的东西。今天,这些东西继续在日夜兼程地成为左右我们生活的美丽故事。大约三四十年前,在那些平淡的日子里,一起画画,一起静静地画画,仅此而已。

　　画画,在张晖的履历里,是个边缘。即使在那曾经作为正事的日子里,画画的正经,也是以颜文良入室弟子的门槛,跨入画画学子这样的名堂经里。那个年代,张晖画了许多小笔触,多光影的风景,尤其深记的是那些强烈光照下对比生动的街景。然而学理的归宿,与人生变化,常常不一定就会走在一起,分开倒是大多数的情况。

　　学画出身的张晖,后来开了设计工作室,专事平面和装帧设计。无数辛劳的日子里，接单成了主职，水涨船高是斗量活计的尺码。辛勤带起了一家子，柴米油盐酱醋，总也被画画的美好期盼挤撞。人生的早年影响，难断其踪。

更新或者选择，在我们看来真是太天经地义了。那些心血热潮情志激壮的时刻，对未来无畏地憧憬和厚望的时候，它就是我们的诠释。因此轻快顶替并不伟岸的身事常态，拐入可以凭借想象自由漂流的那些虚构时光，我们总是充满喜乐和快感的。尤其当想法走向未明，"美好"总是充满了诱惑而又不断泛化的，这正是下丘脑边缘复合系统的工作。

在想，为什么要把张晖看成画家呢！

今天张晖穿着黑色的轻便装，在高清晰彩色打印机旁的那种认真和入世，丝毫没有衰减他的任何人格和教养。尤其在与老友相聚的时候，一贯早年的安详、沉静、寡言、浅笑。而此刻，我却在脑洞中摆弄张晖的画作，提炼我正主观的想法。

在这比对、互看的时代，向外的指认总是以淡化内视的习练成为代价的。在被潮流指示下的奔波，是不需要考证的，它只要有个简单的理由，并且逐浪汇流就可以了。人事我行，就是要享受这种便利的指向，并且以它的反馈形成对思考的弃用和麻木。因为向外的表意，就是最大程度地提示人去寻找相同的需求相通的依赖。不过这些明码的求取与个人经历之间的探求和自省显然不是一码事。因此，这种寄以相同的指向，且成了大多数人的标识时，相同的需求和相通的依赖实际上就把人际关系异化成了一种简单的物理关系。

　　看着张晖传来的四十多张画，这些画的走向似乎暗合了职业绘画对技术选择的某种指认。作为大多数时间处在日常生活中顺便画画的人，为啥也要被专业的条件考量，并且置于身份化？如果画画就是职业价值的指认方向，那么不处在专业处境和时间里的绘画是不是就没有意义了呢？比如《繁花》作者金宇澄手绘的那些图标性画稿，与绘画的职业价值又有什么关系呢！但是我们在看这些图稿的时候不是照样轻松入境么。就像此刻的写作，充其量是同筑在大量不成文的时间里的一个小概率取向，是对大面积经历的一种点状断取，它与职业写作的整体愿景几乎无关。

　　由此再看张晖的画，好像轻松了许多，我们似乎重又回到了"那个"平淡、碎片却是真实的时刻。

2017 年 5 月 15 日

看看米罗

眼前是一些肆意涂抹、狂放不羁的画,在这些画里,可以看到半个圆圈,迅疾掠过的狂草式线段;或者一块蓝色,一块红色,偶尔出现的珍稀黄色。不明白这画的是什么,也想象不出这画的是什么,一切的一切,只是由着视线的移动。

评论界说,米罗的涂抹是一种童稚,天真烂漫得让人心动。米罗画女人、儿童、天地自然的象征关系,米罗画人的潜意识游历。

各种各样的说法,无奇不有。然而,这还是无法穷尽米罗先生的所作所为。

面对刨根寻源式的穷究,面对约定俗成的套路,站在米罗面前是一份难堪。在相信天底下万事万物总能溯源的心态里,米罗被推上了难懂的世界,被推上孩儿般稚拙的随心所欲。

在界定显得日益困难的今天,阅读的交叉点总是因人而异的。任何穷究只要延续一种推论,总会陷入自己的怪圈。寻着这样的怪圈看米罗,就会越看越糊涂。

也许,读米罗要另辟蹊径,需要偶发的感悟,在看的感受里只要一经"定位",迅速地远离是很重要的。这样的状态也许正是一种新生感受的希望。

站在米罗画前,轻松一些、散淡一些,能读多少,就读多少。或许某一天早晨,你会茅塞顿开。看到美丽的太阳从米罗的画里溢现,看到你暗淡的情绪重归蓝色的半圆。

1995 年 7 月 26 日

汪大伟的《读画随录》

在画面上多次渲染，以此产生视觉上的厚度，形体也就从制作的主要过程退到了次要的地位。于是，观众面对的也就是更为纯粹和更为直接的东西了。读汪大伟的画《读画随录》，更能体会到这一点。

《读画随录》是组画，画的是一些被简化到近似几何体的东西。它们像是一些由荷叶、鱼鳍、褶皱物变化来的东西。这些东西在画面空间互为参差、层峦叠嶂。汪大伟说，《读画随录》是研究中国画传统视觉语言中偶遇的心得。在观众眼里《读画随录》已经把题材的深度内容转化成延伸四方的形式内容了。尖锐、扁平、确实的轮廓在不以透视方式进入我们视线的时候，观看就是主要的了。

"在浙江美术学院读研究生的时候，这样的画法是我的重头。"汪大伟如是说。在我们惯有的观看联想背后，画家看到了含意的自由蔓延和多样性。于是，画家略去了沉重地压制着我们再感受的包袱，而把更为简洁和直接的表达放在了画面首要位置。在以综合因素和环境保护为主的后现代风格里，寻找感官的纯粹性，也就构成了视觉愉悦的审美判定。汪大伟的《读画随录》作为从对应压力的生活形态中扬起的形式，紧紧关联着愉悦的性质。

当然，对于纯感官的探寻也同样存在着另一份危险。严格意义上的纯粹性是不存在的，因为样式的选择与生活的前期影响也是制约着我们的文化的。文化与创作是相互作用的。所以，面对创作任何人都无法清晰地想着前景而毫不犹豫地走到现时。现时与创作的探索是同时发生的。汪大伟也许正是从这样的角度理解了绘画。

五千里丝绸之路归来后，画家完成了另一种类型的画。这是一些与阅读历史有关的画，它们来源于敦煌莫高窟。

在无法从形式断定孰是孰非的今天，画家这些与十年前风格大相径庭的画也许是有意义的。这就是画家在不断地重新感悟和体验着这个世界的同时，也在反省着这个世界。大概正是在这点上，画家恰好地切入了我们当下的状态。

1996 年 1 月 29 日

一路走来

第一次看韩绍光画，是在田子坊一个狭长的画廊里，那时画家刚到上海不久。记得那是一些平川山野、色彩明亮的风景，虽然这些作品在画廊的空间里显得有些局促，但是依然能够从中闻到阳光润物的清新之声。

按照履历的顺序，这是画家离开学院后的一个开始。

从研究后印象主义面对自然的考证，韩绍光得到了博纳尔的影子。所谓博纳尔的影子，是指画家对色彩研究和异地旅行获得的双有结果，作为象征，画家落地上海可能也是这样的一次应对。

2003年，画家刚刚莅临上海不久，画了一件作品，两头裹在城市背景中的牛。依据流行的题解，城市发展正在快速地改变传统落后的生活方式，不过这样的画面也同样反向地解释了城市化正在荒芜和吞食着古老的土地。不过画面的正向语义应该是后者，因为画面的近景和中心是牛的肥硕身躯。这是具有鲜明主导意识的特征，表明画家的观察与感受正与自己的身份发生分离……

作为一个以快速变动为己任并且欣欣向荣的城市，和一个远离家乡却背负着理想的画家，其"合伙"本身就是一次博弈。面对融入、磨合、渗透进而脱胎的问题，画家有过这样的说法，他说丢弃过去的所有离乡背井是希望换个活法。尤其对上海这个魅力十足的城市，画家充满了希望。然而对于已届不惑的画家，选择这样的时间做出迁游，多少有些释然、无奈……

丢弃已经获得的所有和期待没有预期的未来，这显然是一个淡化"现在"的情境。由于直面被弱化的"现在"，环境与个人必然会发生习惯失落和面对陌生的价值冲突。虽然面对冲突也可以把它说成积极地创造许多新生的机会，但是这种认定本身是缺憾的。因为在丢弃和预期之间出现的链接实际上是一个正在行进又无法回避的过程。这个过程所面对的是一些无法单一、无法单边更无法割裂的存在内容，这些内容也是无法依赖"过去"或"未来"形成"当下"的。这些正在发生、正在生成、正在结果也正在消亡的方方面面，也就形象地勾勒出了个人的复杂处境。获得新生动力的机会，既不可能在于丢弃已经发生的所有，也不可能落在对未明的无限预期之中，它只能是现在的一个作为。一个需要强大认知以及操作"功夫"的当下，一个依赖理性和智慧梳理的实景。这个时期画家的一些抽象作品很能说明问题。

这些作品是画家在浦东一个金融中心的画室里逐渐完成的。

这些画的初衷通常只是一些气韵和走势，非常生动，通达变向性很强，结果也是无法预期的。因此作品的"未来"只能取决于正在制作的"这个"过程。我能荣幸地经常在画家的工作室里看见这些布满"初衷"的画面。比如时间跨度在2004到2005年的《远见江山——天际系列》和《水云间——蓝灰色调的风景系列》等作品。

这两个系列作品，有个具象喻名，制作上却是相反的。在画面起动的时候，画家大多情绪昂然恣意豪举，那种玲珑剔透、畅游自达的趣味非常灵动，色彩的游弋和"色温"成了主要，画家在表现这些功夫时所达到的细微精准，很有说服力。在这里画家更多地表现了对进入之初的体验以及生动盈满的回味，这是画家非常自足的一段时光。

不过一旦进入持续，这些精准的特质就发生了变化。比如画中的描述重归"物象"，山界云层，远景近物清晰地涌现了。

画家有言："近来，我在创作时喜欢省略不必要的细节，取而代之的是一派恍惚迷离、若有若无，即混沌的状态。"在这里画家坦陈了自己近期工作的细节，它把这种细节称为"一种恍惚迷离、若有若无的混沌状态"。随后画家笔锋一转，道出了另一番情愫。他说："对于我的风景来说，处处体现于笔迹和空间的处理，色彩从形体之中释放出来。追求一种半具象半抽象的个人语汇。"在这里创作的"混沌"与"处处体现于笔迹和空间的处理""色彩从形体中释放出来"，这些词语的同质同源特征是很清晰的，它们不为"所指"，只在相互陪衬，一旦连成句子，它们就被"风景"以及"半具象半抽象的""所指"规定了，所指在这里决定了能指。

与《远见江山——天际系列》同期制作的《边远辽阔的地方系列》仿佛也从喻名到制作一脉地回到了 2002 年以前的状态。

由制作体验再度回溯前源，也表现了画家情绪上的即景。画家传递优柔，暗喻不明，以及几进出入的情况，使得他对"确立"总是谨慎而摇摆的。依赖过去——那种已经熟悉、信手能得的经验结果，常常成了画家的便利归属。随着时间的推移，画家对期待与持续工作之间的犹豫，变得日渐明朗，尤其在这几年里，画家的多数作品几乎一直绵延在这样的过程之中。

另一方面，这种犹豫也与画家异地浪迹和情感失乐有关。喜好游走和变化的画家至今依然青涩得一如既往。实际上画家除了在上海工作生活以外，他的图画只在启动上尝试了离开过去，其他的基本如旧。追溯、深入或者突围成了画家的一份心念，画家曾经多次和我谈到他所面临的这些问题，以及深深的困惑……

可能也是迫于无奈，这两年画家总在不断地以变更主题的方式重新寻找绘画。比如《鹤》系列。《鹤》系列是画家宏观远行中忽然抽回的一次分岔，是一次重归个人的抚慰。换一句话说：它可能是画家进入"混沌"之后，感受失意的最为实在的当下心照的反弹。

对于不断处在静默和奋斗中的画家，孤独和无援也是非常有影响力的,尤其当个人花费了巨大的时空代价,却与期望的回应无法快速交换的时候,呼唤和挣扎就以喘息的方式从心底爆发了。《鹤》应该是画家在这样的背景下出现的一次回归。

在虚拟的平面上,《鹤》的体量通常很大,有时几乎顶天立地,那种孤傲不驯的神态仿佛轻轻地就把"抽象"世界的经历抹平了。重归具象作为画家释然的"愿望",也好像在演示和提醒自己是否已经忘却了过去。有意思的是画家对这个系列的作品,进入的周期很短。

此后画家进入了《日出东方》系列的工作(或曰《红色系列》)。这个系列只是一个喻名,一个来自某一幅画或局部灵感的变体。从画家藏有的大量作品看,画家正在着手把感觉"理念"地锁定,这也许意味着画家对虚拟的再度审视。不过这里的审视已经不再强调对现实的引述、旁证,或者变化为对现实的改造寄语,而是完全把"理念"作为运作的推手去落实。比如画中对色彩的取用以及详尽的演绎,充满着技术上的逻辑或游戏特质。也可以说,尝试被细化的"不明"替代,目标被淡化成了洞悉的过程,这是画家离开习惯走得最远的一个过程。

《迷思》则是画家随后的经历,在这里画家谨慎地搅拌着思想与现实,并且把它们混合成一体。在一块不变的飞地上,它们被一些不变的东西充填着:树、突兀的山、远景中的人、一个主体性的人头始终贯穿着。在这里思想与现实成了造物堆积的定向元素。画家以操作发掘的物性,继续把自己留在了"事件"的外围。画家是这样描述的,"迷思是我生存中的一个过程,也是发现事物、人在今天享受生活的一种方式……迷思究竟意味着什么?是发展了我们没有的方向感,还是怀疑太多的选择让我们失去了选择"。由设问、反诘、决断、疑虑引出的是画家"离场"的远视和评判,它高度吻合了画面的图像。

《傲雪与潜伏》是以自然生长的"山里红"被大雪覆盖为主题的题材,它喻示了高压下的抗争与处境。作为隐喻,画家搅拌了现实与抽象的物性次序,同时也给出了"悲情"的传统演绎。画家有言"我是一个积极的悲观主义者"。用"昆德拉"式的语调,去引申或减负,对出生于1950年代末的画家来说,肯定是一种无奈。但是能够回到久违的过去,同样也多少意味着画家重又踏入了便利。然而就是这种对便利的习惯,使得画家无法有效地深耕现实。

实际上艺术之路并不像城市道路那样直观、形式化,方便于复制。强大的差异、个性以及无序的特质才是艺术的起源。对此画家也有过非常类似的说法:"一个时期有一个时期的想法。我喜欢根据题材变幻风格,想怎样表达就怎样表达。我认为风格是别人评价的说法,对我说来风格是靠不住的,一辈子坚持一种风格没意思,也是很难做到的。"问题是,当真正的"不明"或者随性围绕在周身的时候,方向总是我们从迷茫中找回的理由。实际上方向只是一个略称,它的实证品质是完全个人化的,它不完全可以理喻,也不完全能够传播。任何期望通过说明来预期努力

飘零/粗纸丙烯/57×80cm/2010
Fading and Falling, acrylic on rag paper, 57×80cm, 2010

韩绍光作品——飘零

的结果总会打水漂的。"外力"和外因既是绘画的增量因子，也是消解绘画的主要元凶。"裂缝"就出在增量和消解的相互发生上。画家的无畏言说只是试图以确定和目标化的追求去线性地套出经验，并且给出想象的同步解读。实际这只是一种便利指望，结果却不会这样发生的。解读的巨大差异就是一个鲜明的佐证。就绘画进程来说，作品本身是无法"随意"拆分的，无论何时何地，绘画作为"事件"的表现就是整体。因此任何对绘画整体中涉及的节奏、个人化以及极端状态的轻视，必然导致绘画的变性。在绘画界，绘画通常只是兑现想象和求取交易的一份面向"公众"的差使，这份差使又被狠狠而且简单地压迫在"公众"所要求的速度和准则里了。这是一种可怕的草率和便利……

面对强大物性的当今，试图恢复绘画的"游戏"本质是非常困难的。因为堆得满满的生存目标和想象索求，已经强劲地演变了我们，我们周身的空间被"习惯填满"了。空间被习惯填满了，问题又从哪里发生呢？看不到问题，又怎样知道我们的进程和退路呢？如果前景就是利益，目标就是工作，那么生命的本质又在哪里？此刻韩绍光正用"无用者大用，不明确者大明"的哲言进行着自勉。

2010 年 11 月 21 日

李坚和他的画

很感慨李坚用五到三十分钟画出来的东西,那是一种天性的交织,只传气氛和浑然起动的信息,这些东西就像李坚的体魄和气质,只要一刹那就被认识和肯定了。

能够紧紧抓住瞬间,并且给以快捷而又特定的表达,这是画家工作的一个例证,也是画家传递交流的关键。但是这样的关键,在对作品本身的延续上意味着什么?同时它是否也获得了同步于时间的表现?(这种同步必须是水到渠成自然而然的,而不是人为意义的)

当然,观众是可以根据自己的心绪去延伸,进而把作品当成一个契机,营造属于自己的想象。同样,画家自己也是可以这样做的。不过这些都是"外延",一种人为的常识"交易"。

问题是利用本身之外的想象去补"差"的做法,确实给了读者和自己演绎的自由,但是它也让一部作品失去了用更多时间去成就的意义。实际上是五分钟的作品,只要五分钟就够了,必须耗用五个小时的作品，它的意义又在什么地方呢？同样，为什么作品会有这种时间长短的作业区分呢？

对作品来说，画家用自主"时间"镶嵌的"内容"是一个关于时间被使用的能级标志，它是整体的，与操作同步发展的（比如蚊子的时间能级与大象的时间能级，只能自我同步，不可能相互证用）。其他任意的目标或指向，实际上是"读者"即兴增生和附加的东西，它们大多数属于想象或界外的，与作品本体无关。

在这里我们遇到了两个问题：

一、我们怎么知道这五分钟或者三十分钟是作品最充分的表达？

这里可以有一个反向的论证特点。至少对你自己，在这个时限终止后，你的作品不会再有额外的"话语"，包括论述或添加。

二、为什么要画一幅五小时的作品？

必须排除画幅的尺寸和题材的原因，才能准确地理解这个问题。对于画家来说，他会认为延长的时间是用在对作品的修改和重整中。实际上这是一个错误的表达。因为重整和修改实际上已经淹没了上一次作业的特征，哪怕是一笔，也是对上一次的否定。因此五小时的作品是另一个次第的能量。在此也请注意图像的存在特征——瞬间的空间铺陈，时间是被压扁的，因而依赖时间凸显的故事和叙述，本质上与图像无关。

由此再看李坚和他的画。

我们看到了一个延伸在作品本体之外的古典历史学者模样的画家。他追求"物性"的理解，情感涌动，善良无辜，是个好朋友，是个体贴的好丈夫和好父亲。

他用回忆的方式追记历史，追记已经逝去的年月，追记一个还存残骸的西域高昌。同时他把感怀封存在这些已经故去的影像中，并且作为期待和追求的寄语。

因此，画家的感动也变得是有选择了，他选择自己熟悉的语境，也选择自己容易感受的景物，他把图像异化成文字的衣服，也把追求简化成了一个选择。但是在时间的应用意义上，比如一个小时的作品或者两天画成的作品，画家却没有给出更多的区分，除了激情以外。

五分钟的作品和五小时的作品，在我看来是作品种样的能级区别，它与作者的体能、天性以及智力有关，而不是我们通常认为的，画家是用时间把一个个事件的结果线性串联，并且用以跨界的想象（无论是读者的想象还是画家自己的想象）。当然我们也可以在得到认知的支持下，逐渐地获得能级成长的自我印证。但是这样的印证只能指涉自己，它的同步要求是很高的，它无法单一叙述，无法拆分，它必须整体，历练艰辛，节奏很慢，非常自主，很难参照，成就也是机缘性的。

我们知道，在林林总总的世界里，是光显形了每一个物体。然而光本身也是一个物体。在这样的处境下，我们还能区别什么是更为本质的东西呢？在此只有离开了现象，才可能真正体会到——现象之后的"抽象"。

西域高昌在李坚的笔下是一个情绪，一个表象，一个与常识紧贴的东西。

好在我们是生活于一个允许抽象的世界里，所以我们的发展才可能落实到现在。同样也正是因为这个世界的现象表征是浑浊的，所以才有了我们个人展示成就以及梳理的事业空间。对于个人来说，能够成就事业的并不是对每一次即时景象感受与想象的串联，也不是层次不明的牵拉聚合，有的只能是关于时间使用的个人机缘，以及围绕个人机缘进入的心性状态——冷静、独立、平常心。这样我们才可能获得同步于自己的成绩和时间。不过，它与作品也不是必然的线性关系。

如果撇开"认知"论气质，李坚的画似乎已经足够了。问题是李坚还在不断地要求和延长着自己的使命。对此，有李坚的履历为证……

2007 年 9 月 27 日

秦一峰的"明式素工圆方形制"和"线场"系列

秦一峰出了一本书,书名叫《明式素工圆方形制》。这是一个挑明时代、素材,并且表明用工特征的所指称谓,它传达了画家对风格、样式及其制作的个人关心,以及围绕它们的特定工作。

明式家具,素以简约著称。直线经纬造就的体积,明处没有奢华。机关藏尽结合处,尤其榫卯技术的高超,把功夫涵养一并收敛。于是相连部分传承的信息虽然内在,但是紧要。这份紧要,就是秦一峰明示主题的操作验证,即从概念表皮拐入内质的实证和思考。有意思的是,这些从历史中索用的片断,也展现了秦一峰对历史中某种特殊语境的个人癖好,并且加深了我们对"用"的理解。

在历史中,本体的进程一直是以"用"的影像出现的,无论涉及审美或者物性,这些影像都在不断地考量着我们对每一次介入的引证。

比如那些四平面条桌、四平面方凳、罗汉床、高束腰书桌。那些家具作为历史物品，正被我们现行的意识尽情地享用着。因为那些家具没有言说，赤裸裸地矗立，不展细节，也不哗众炫技。尤其当它远离那个生养它的时代时，作为被我们重新提携的"孤儿"，我们拨开想象，对它的工艺、选材、制造，以及使用与当时资源环境的相应程度，充满了赞叹。不过这些赞叹，也许只是我们时下的意愿。因为它直接牵涉到我们所处的文化和生存语境。

我们追索时间，强化"现世"成果，并且把它弄得能够快速地证明。由于后果是极端的物性和功利，这些家具也就在今天成了我们赋予保值的收藏品，变成了商业景观的一种身份标记。在今天一个人如果拥有了一件明朝家具，起码在收纳上是会被人刮目相看的。秦一峰则用纸本和书目的方式去回归这些家具，并且以围绕这些纸本的当前活动，展示了一次主观的文化游历。作为一种方式，它离开了与物件收藏直接有关的干戈，这应该是个不错的策略。

早期，秦一峰用直线压制曲线制造画面。这是依靠麻布、丙烯以及画笔压力变化的作画方式。起初直线是借助长尺和工整的描画完成的。在十分规整的画面里修饰是十分鲜明的，观看的认同主要是清晰的边缘和强调的色彩，以及直线归纳形体的体积（1993年作品一、二）。这种以线来成因塞尚理念的用法，在很大程度上体现了当时思潮的影响，以及青春期般对颠覆的惊奇。

不过，随着时间的推移，这种清晰和强调的东西渐渐地被平淡下来了，画笔自由了。从1995年下半年起画家终于把惯用的垂直长线推向了弱化。交织的曲线因此活跃了。于是一种虚待的所指，再一次回到了绘画。弹性、自律、顺随的内容布满了画面。

秦一峰也是一个比较另类的人，他曾经说过：他喜欢扭曲、压力和不太顺畅的感觉。记得1994年，他是在六平方米的房间里画近两个平方米的画。在堆放杂乱的居室里画视点密度很高的作品。当时画室的整个空间仿佛就是一个密集的储物罐子，层次不分，只有工作。

反差的是，也有几次看见秦一峰把画放在学校宽敞楼堂的过道里审视。在无多杂物的楼道里这些画似乎更多地得到了彰显，它们成了空间的一个明确加载物，具有鲜明的注入特征。它们看上去是被装进空间的，因此它们成了空间的主宰物。也许，这是秦一峰在巧妙地暗示与我们生存环境十分相似的物性处境。因为在同样高密度、高张力、高节奏的城市里，我们注入的庆幸和开端，仅仅是情绪化的。尤其当物性被简单地张扬成丰盛而又拥挤的外观时，内心的憧憬就成了摆设。严格地说，左右我们命脉的正是这样的一进一出。因此绘画在这个消费时代往往显得经纬摇摆，是非交织。

对于绘画映照处境的做法，在我看来正是画家企图与这个城市迅速膨胀相违逆的辩证。不过，如果在这样的城市里去重新整塑个人，应该是相当困难的，因为城市对于个人生存的尖锐淘洗，远没有城市扩张的物性特征来得那么迅猛和容易。

应该说"线场"系列是秦一峰与之相伴二十多年，恒持至今的主题。有意味的是，时间作为事件经历的必有路径，也是画家履历照应的表征，有一处拐点是比较特殊的，由于它占用的时间不长，作为一个小概率的特征事件，也演示了画家曾经的取向。这就是减退压制后离开平面的设计。这正是三维思路的情调。当然，如果画家能够借助这样的方式深入地走下去，并且披荆斩棘，那么他可能碰到的完全是另一种景观了。

借助水平拐角，斜置"线"的变体，2005年的作品木条（同期画家也应约设计了人民广场新世界前的下沉式广场，不过这个设计由于是一个有关公共性的使用主题，它与本文的讨论无关），加入黑白和彩色，画家大概试图表达空间的多维层次和观看角度。比如，画家给出了黑、白间隔的木条替代直线，并且画上了熟悉的曲线。采用平展的方法布局，这在本质上还是二维的。尝试以此变更阅读的传统方向，大概也是画家的意图。不过这样的意图，对读者来说未必纯粹。因为希求通过三维来解决平面视觉的问题，应该不是这样。相反读者的那份想象权力不会就此得到约束。很多时候作品靠墙的部分还是死角（比如，立体主义提供的平面多体位移的处理，就在二维平面上解决了三维的观看死角）。从另一方面来说，多视点的来源通常会与画家提供的指向发生背离。因此一旦作品缺乏画家的指向，读者的想象权力就大了。读者的权力一大，画家就成了喻名，因为在赞许"受众"自由的今天，不借助作品，读者同样会有自己的解读，比如看见景观中的一个斑点、一摊水渍、一片飞云。但是这里的根本区别常人是无法察觉的，因为画家在做的是一个与设计和头脑有关的智力工程。

一旦画家对视觉的操作定向丢弃，视点多源的关联问题就必然增多，表达的纯粹性就会下降，实际上多关联的视点只会增加组织者的技术应对难度，并且使之陷入困境。因为依赖概念介入主张的读者，它们不涉及对本体的深入和考量，它们只是蜻蜓点水式的反馈，它们所关心的仅仅是个人散漫浅尝的联想游历，它们不会作为环境，也不会顾及整体，只求瞬间。如果解读完全依赖于这种所谓的个人自由，那么绘画则完全可以被摄影和景观所替代，艺术则完全可以被日常生活来更替。

在我看来，三维分布与平面展示的转体物件，实际在技术上不是一回事；比如我们经常能够看到画上景色的花瓶、标上尤物的树干等等。

实际上画家真正出色的依旧是平面的东西。

从近几年的作品来看，借助汉字的写意释放，拐向抽离的线条意境。秦一峰的作品空间时而留在直曲（2009作品一），时而跨入流动（2009作品二）。尽管语言还是一样单纯，但是它的表演跨度增大了。这种增大的表演在分化直线与曲线的同时，也在解构依赖固有结构成型的语言，并且尝试走向边缘。艺术的长处

秦一峰作品——2013年6月27日15点15分雨

正是以个体的行为不断地从本体的前方去重新建立边界、体恤本质。当然在重新建立边界之前，我们的选择通常就像是猜谜。

学术一点地说，我们既看到了秦一峰绘画语言的一贯性，也看到了他对语言的形式"间离"与陌生尝试之间的警觉，这些以体用互换交织的表现，从影像上来说，画家用得也很纠结、很矛盾——即达就退，明藏暗显，成用归无，走过欲回。因此，这也导致秦一峰的绘画节奏很慢。当然面对创作的突破问题，画家的这份状态也是无可厚非的，不过这其中也包含了画家本能交付习惯沿袭的行为依赖。

我曾与画家有过不多的交流。记得有一次画家说，如果艺术是游戏，那么游戏就要有"规则"。言下，规则是作为约束和指定的工具来限制游戏的。比如画家对直线、曲线的画面碰撞，或者直线曲线的画面复叠，以及单体活跃存在着颇多的个人想法，这些想法的焦点是希望获得表达与理解的谨慎界围，或者说画家试图通过表达能够有效地去掌控形式定义的边界。问题是画家总在直面的是艺术发生的第一步、一个初始点，这是面对创造的看法。哲学的意义就是让我们能够明白创造的本身是怎样发生的，否则"规则"将为"创造"之外的话语提供决策的权柄。对于内外、个人与公众的交互问题，我们也必须清楚这样一个基态，即艺术的公共性只在于引领，在于启蒙，在于教育，在于归纳意义上的趋多趋同，而专业则更多的是针对某个细节或者特征的专用分析，而且这种分析更倾向于个人探究，倾向于整体，倾向于非功利，倾向于未明的价值诉求，它纯然是一次次不涉猎风险的智力和猜谜游戏。因此它不会轻易地接纳所有的随意解读。

此外，从社会的大环境来说，我们作为一个类的生物体，是肯定要归入后现代的所谓平民大趋势的，但是个人就不一定了，因为这个实景世界毕竟还是锁定在层次上的。因此我们不可能因为一种趋势，进而就消灭这个时代同样存在的古典主义、浪漫主义、风格主义、技术主义、现代主义等等。

回观秦一峰的作品，画家正是用他的艺术个性反衬了我们的环境，并且表明了欣赏与创造之间的巨大差异。欣慰的是秦一峰也让我们机缘地看到了"行为"与历史指向之间不断发生的定位及其矫正，以及不在普遍言说之下的个人工作。

2010 年 9 月

画家韩和平

画家韩和平教授给我看了一些尺寸不大,但是制作得非常精致的油画,这些油画画着十分熟悉的东西:江南民房、类型化了的窗饰、白色粉墙、暗黑厚重的家居以及强烈的黑白配置、节制低调的色彩,中心透视侧上光和画中流露的维米尔、蒙德里安、霍珀的影子。画家告诉我,这是他几年来苦思冥想、呕心沥血的结晶。

看来,画家似乎用一些司空见惯的东西,综合出了一组没有阅读障碍的画面形态。不过,画家实际提供给我们的仅仅是一个个熟悉的形状和外观。用画家的话来说,绘画作为经历的升华抑或趣味的归集,主要是视觉上的,是一种不需要言语以及现实资料保障的感觉满足,它宛如马蒂斯论及绘画的"安乐椅"功能那样。

事实也是如此。画家提供的绘画,主要重视着画面的制作,以及由画家归纳的两种制作方法。一是间接画法,它采用薄涂互渗、层层透罩的方式；二是厚涂叠加反复制作的直接画法，直接画法提供直观而又强烈的肌理效果。画家把这些收获，直接归因于在美国画廊、博物馆的体验和感悟。他说他感到前辈油画家是一些十分重视技术发展的人。他们的成功来自他们的执着和学识。画家认为，只有有着对绘画历史深刻的了解，才有可能营建属于自己的风格。

与此同时，画家也把一种休闲情调带入了画面，极致的细节和技巧式的空间。比如这次发表的《有女子的内景画》就是这样。画中阳光投射形成的轨迹，它既是画面空间的一条归向中心的透视导线，同时又是画面的一块视觉亮面，具有双关性。从细部看，画家运用了与维米尔消失焦点、模糊转换完全相反的制作方法，表现了尖锐而又清晰的细节。

也正是画家自身的精心努力，来源于前辈画家的影响相应成了画家自己的独立看法。在我看来，韩教授的画要比维米尔更接近理想、规范；空间方式比蒙德里安更通俗、实用；画面情调比霍珀更热情、主观。

1993 年 4 月 13 日

看马丁画画

马丁画画不预设，只是凭着感觉在涂抹，并且在涂抹中找东西。看他先在一张白纸的中段涂了黑色，然后指着黑色说：这是一堵墙，墙的下面是条路。接着他把路涂成褐色。画面未干，马丁又用另一张纸反印了一遍。对着这反印的画纸，马丁凝视了片刻，在没有笔墨的另一半涂了两笔。马丁说：这个"T"字形是他早年绘画的符号。恰好这天早晨他从住所窗口瞥见的阳光，正是这样的感觉。

马丁在作画过程中，不断地以他的敏锐捕捉着什么，并且用着捕捉的东西，去发展依附于想象的建设。

画画或许正是一种经历的开启，一种重新审度现状的发展。马丁通过他的画留存了我们视觉经历里的东西，他把这些东西放大了。面对这些东西，想到了画画的儿童。儿童画画是件自然的事。画什么，怎样画，是很个性的，它来自孩子的天趣。用皮尔·科汉和斯特劳斯·盖纳的理论来说，儿童绘画的经历，是人之能力早期的发展，亦非技术的培养。

在幼儿园里，老师让孩子把线画得直直的，把色涂得匀匀的，不能在方框和圆圈里把色涂出界外。于是家长也跟着让孩子这样做。此后孩子是确确实实地画得越来越标准了。然而千军万马齐过独木桥的苦衷，也在深深地折磨孩子和家长。

一个怪圈发生了。大人把困惑带给了孩子，不过最大的遗憾却是孩子长大以后的问题：怎样从认定的现实中发展自己的独立观察。马丁画画却反其道而行之。他把我们认定的东西淡化了，代之而起的是留在我们眼皮底下司空见惯，但是被深度忽略的东西。

只有大人明白了，孩子才能有希望。马丁带来的正是这样的启迪，他让我们看到了被我们自己忽略的东西，也让我们重归自己经历的发现之中。

1996 年 5 月 11 日

周南的劳什子

这是一些把纸弄皱,并在纸褶的漫游中快意的作品,作者说:这是一些与荷花有关的作品,这种说法好像穿了一件"衣服"……

在此,想到了1989年的周南。那时周南用非保值材料设计的首饰,在中国开了个先河。

从此,周南似乎有了一个约定,一个如他祖父——周瘦鹃身影的延续。用行话来说,周大师的后辈,继续着大师未竟的"事业",这样的归名,在血缘上是非常坚实的。

不过,周大师的笔下,更多的是闲情,以及淡透的人生,雅致的点缀。

周南的"画",更多的是一种任务,一份工作,或者一种依靠毅力进行攀登的象征。

这个时代解不透的就是每个人有另外一个任务——一个在生命本体之外的劳什子!周南的劳什子,就是这些纸本。

这些纸本气氛很重,有些疲倦,但是非常顽强。在特定的时间内,它们犹如一本"任务"记事本,记录着作者正在过去的视觉,并且连接着与公众"任务"聚焦的责任……

从作品来看,画面的皱褶非常自动,它们流淌着偶然的姿态,绵延在纸本的四面八方。这样的特征,机缘性很强,空间的通达变向性也很大,如果这就是作者唯一的任务,那么作品的表达也许就自然了。

然而,作者显然又承担了第二个任务,一个与作品主题有关的称谓——荷花。

荷花的物形象征,在中国的文人文化中,有它的特性含义。这种标志化的荷花自有它常识概念的便利。但是一旦融入创造,它的概念便利就毫无意义了。

在周南的作品中,荷花只是一个便利,一个图形的概念便利,它和作者的视觉游历几乎没有关系,这些纸性的皱褶可以留在任何一张"面孔"上,何止荷花呢?

荷花是周南"图式"的一个借喻,一个与公共性"概念"有关的期许,也是他惯性感受的堡垒。有了这个堡垒,从"护身"的意义上总会直指"对抗",堡垒是为了"对抗"而存在的。于是,通常的做法就是把两种"对峙的东西"统筹于一体,称之更为"宏观"和兼顾的表达。唯独不愿意"正视"任何近身甚至熟悉的东西,进而大胆地重新观看、再次规划。

同样,这些作品的平面处理,也显示了作者很着意图形的特征,行迹清晰可寻的物形"界线"总是画面的定语,色彩也仅仅是颜色。事情是做了，但是面对资源的调配却很难恰如其分。这是周南带来的第三拨"任务"。三大任务的堆积，以及关联技术的问题，使得周南的作品有些离径。

这让人联想到某某大师，简笔描画"达摩"，学称"达摩面壁"，很是令人诧异；也曾看见一位年轻好手，把"禅"字了断成一个特形，冠以"禅定"，更是让人吃惊。

好在周南对自己有一道很好的心经，他期许未来的机会，以及未来自己的经历。其实周南，在这个世界上，可以观看的"样本"很多，但它们仅仅是外面的！而你却是自己的"孤本"。

2005 年 9 月 18 日

又一次开始

五年过去了，周南的纸作品，走出了一些端倪。

这是安静下来的特点，制作正在单纯，体验也回到了本体；虽然画面上的经络，还是五年前的身影。不过形状的淡化，已经表现出了作者指向别处的兴趣。

主题依旧称"花"，不过无奈！流水易逝，花已落去……

作品传动的信息，已经让我们更多地感到了作者对视觉延移的关心。因为周南的这些作品在其环境折射的影响中生存了，材质也在走向成品的路途中微观异样、身影玲珑起来了。这种几乎生物化的看点，对周南来说，是归元本质的尝试，也是他对视觉理解的一大进步。

这一进步，终于解构了他对一个物象的中心深究，回到了边缘，回到了自由的边界，回到了信息发生与组织的过程。

当体验终于跨过了作者心存的功课，滋味终于超越了作者注重的形式和品牌，那么习惯围绕物象的信誓旦旦，以及企图围拢所有与之"确认"的信息，终于被松开了。想象、捷径、功利、速度，变成了悠闲、入观、机缘以及顿悟，周南再一次轻轻地走到了祖父周瘦鹃的"身边"。

不在"血统"的名义下，文脉的智慧才可能在两代人之间共鸣。这是这个世界的平常，也是这个世界的履历。

能够回到宽敞、回到留白，回到不过激奋的点题，回到像似缓慢或者正被遗忘的斡旋，下丘脑边缘的复合系统才能自动工作。

这，大概正是周南的又一次开始吧。

2009 年 9 月 24 日

也许是无中生有

1988年冬天,在上海大学美术学院的高考复习班里,一个青年教师正与学生热烈地谈论萨特、加缪以及风靡一时的存在主义……

这是一个绘画高考复习班,通常在一个受公共时间约定的复习班里,人们总是非常珍视时间使用的有效性和目的性。但是在这里师生共同关注和重视的,已经不单是与考试有关的绘画技术问题了。在这里,自由地讨论思想与求取考试技术得到了宽容的共存。时间的公共意义被个人的自由行为消解了。有意思的是,这个绘画高考复习班的地址选在了上大美院外的某一个地方。

这是将近二十年前的事情了,此后仿佛轻轻一晃,就到了今天。

姜建忠是那种丢在人群中马上会被淹没的人,他的"型"并无特色。那种依据"表象"和造星标准的判断在姜建忠身上通常不会有效。而且姜建忠的理事节奏完全有悖这个时世的快速标准，他"慢"而自主。相反在这个重视速度、造星、作秀、广告、炒作、流行和"客体"的时世里，突出和完美总是围绕着一个标准的公众特征快速地展开的，一个特征只要能够有一点搁在公共的"舞台"上，并且引起公众广泛迅速的关注，那么它的各个方面肯定也会快速地同样站在这个"舞台"上，不过这是被针对下的人工改造，类似我们选择的孵化或克隆这样的辞藻，它只要求和追求同一个时间中的相同结果。

1990年代中期，姜建忠离开了他先前的第一轮作业。在那个时候，正是上海雄心勃勃、大举发展的时刻。整个城市的外观被快速地改造，记忆被不断地洗涤，生存的基准改变了，人们蜂拥着进入城市，企图身份的快速变化，希望获取的结果完全由自己掌握……也许正是对应这种表面或外观上的过激求取，在瑞金一路一个9平方米的老式亭子间里，姜建忠正机缘地用自己的画笔记录着一种抽离了外观的绘画表达，这与他先前重视外观的通俗做法完全不一样，造型的表观变得简单、坚实而又陌生。画家像挤牙膏一样地工作着，节奏很慢，从容不迫，整整一年的时间，只画了五幅叫作《演算系列》的作品。

转眼十年过去了。姜建忠似乎从《演算系列》的抽象气息中略有回转。说是回转，也算不妥，因为按风格的说法，姜建忠实际上一直是个"写实"画家。

从早期的学院规训到中期各类思潮的交杂影响，以及现今个人的体验式作业，姜建忠的"写实"都是依托着一个属于自己的时间方式：一种缓慢不躁但又深省的，同时重视直觉的、身心并用的、直指经历的，并且能够娴熟传示的方式。在这里姜建忠通过作品展露的，是一些宛如自然变化那样缓慢而又复杂的东西，技术的展示与时间的消耗与画家的认知达到了高度的一致。就像蚂蚁的造像，就像大马哈鱼的造像，它们需要各自的演变时间——尽管我们同时看到了它们的当前存在，但是一旦你要深明它们，就得完全不一样的才能各自介入它们。因此，归属于不同的物种，它们不可能取用同样的生物时间。存在的差异决定了它们。姜建忠可能深明此理。

也许正是由于这种明智，姜建忠的作品，才得以从容地表达出了一种散淡、清晰、持久而又资深的光泽，一种与作品的常规图解有本质区别的特征。

"时间"在概念上的先造影响是我们这个时代生存定向的重大依托，这种先在的预设，使得我们容易从"规定"的角度去处理"时间"。有了这种处理，个人也就很难再去关注时间"经历"中的个人体验，以及体验中蕴藏的不可替代性和唯一性。因此，当时间被规定特征代码的后果，是"时间"的公共要求替代了个人"经历"的具体过程。在很大程度上，个人的努力也就成了应对"时间"的竞技角力——看谁在同样的时间里首先赢得一个计量结果。

然而，代价是惨重的！

因为我们仅仅注意和开发了"时间"的公有现在，而且是以

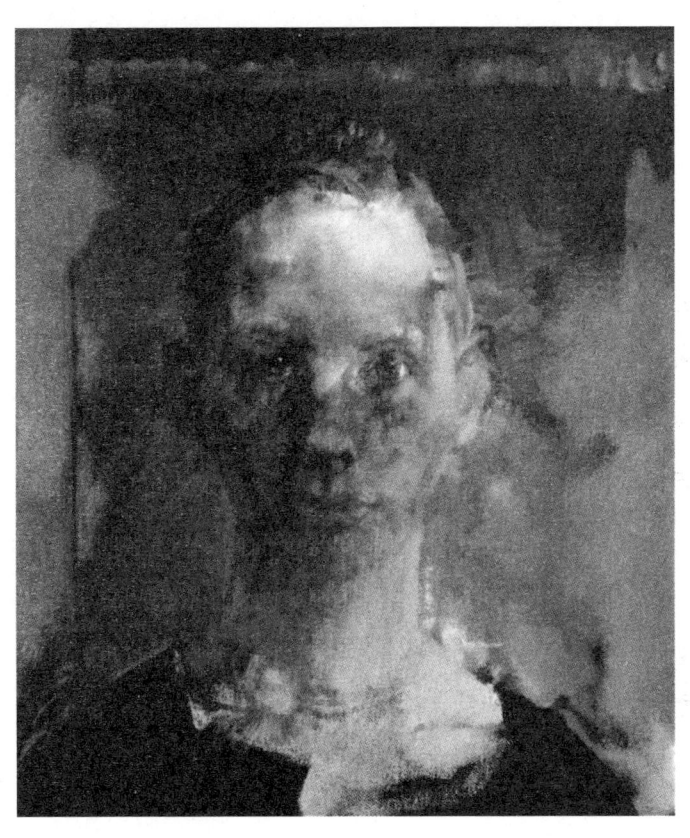

姜建忠作品——阳光男孩 No.3

日常使用为主的所指"现在",因此"一致"和"类型"化成了我们规划成就的操作统领。在大多数情况下,我们总是以时间的公有概念作为决定交流的评估条件,因此为了简易操作,我们要么以一致去设定标准,要么概化形式的差异,进而再去归类。现今流行的后现代拼凑,虽然为画坛赢得了当前的"站位",但是这种"站位"所注重的内容并没有使我们更加充分地去发掘"时间"在个人意义下的作用。这里的失缺也使得我们失去了对自身体验的特有专注,也失去了个人运作的自主节奏。

因此,在大多数情况下,画家完全转向"身外",要么关注金钱,要么把自己关在预设的笼子里,要么藏在现成"概念"的背后忽悠!实际上所有这些都是画家处身之外的引诱,它与绘画的本质没有任何关系……在此,"以物易物"的经典被简单地链接在求取和扩张的流行版图上,时间的个性被置换了,消费的求取转向了对实物的坚实控制和充分占有,走向内省的心路被轻易地关闭了。换一句话来说,时间在画家个人意义上的取用特征,仅仅以"物"化的方式替代了?

姜建忠也许注意到了这些,也许姜建忠的内质本身就在造就他去重视时间的内视特性和它的个人操作性!

从研读文艺复兴前期画家委涅兹阿诺(Veneiano)的风格开始,姜建忠的图像就已经展露出这样的特质!

在那个时期的作品中,焦点以及深处惯有的"外光"已经消失,时间回到了个人。在这更为早期的作品里,"外光"曾是姜建忠的一个隐喻：一个公共性的期许，一个理想时间的标准。无论画家在画中选用了什么，是兄弟、夫人或者女儿，那束外光似乎注定了画家对"画外"的期待。尽管这种光在此后的某个时期发生了指向和隐喻上的变化，比如它回到了作者自己的视点上——尤其在一些《侧面女》的绘画作品里。不过这种回复还仅仅停留在"文本"演绎的意义上，起码它不是源自个人体验的"发明"。另一方面，那是一个学术"概念"交替、形式更迭严重、资讯从四面八方狂轰滥炸的阶段。姜建忠虽然体量不大，体质中等，外表儒雅，但是他内在的渗透和消化能力还是让他在如此躁动的公共环境和信息河流里充分地安静了下来，并且进入了本我的时间。

　　这里有一个耐人寻味的特征：姜建忠作品的肖像原型都来自与他有着血缘和亲情关系的人。通常左右我们兴趣的造像，并不会有这样的"局限"，人们喜欢新奇、陌生和公共特征，受距离效应的刺激，越是不近身的东西，越是容易引起我们的好奇。然而姜建忠却走了一个反向，熟悉和近身的东西一直让他思路开阔、探索不止。诚如一杯最平常的白开水，却让画家喝出三百六十五天的不同滋味。在这里，时间被近身和熟悉的气氛笼罩着，距离紧凑，间隔清晰，体验直达。

　　姜建忠有一个不变话语，它精确地道出了画家对上述处境的问心和感悟；他说画画的过程，实际上非常痛苦……画家在这里所说的"痛苦"，实际上向我们开示了他是怎样身在熟悉而又必须离开熟悉,进而达到新的认知水平的整个过程。

此后的《演算系列》和一些其他作品,虽然动用了市场的流行语言,但是画家那种骨子里的体验直指、缓慢掘进、身心并用,一直牢牢地占据着他的绘画。在同期的生活中,姜建忠也一贯他的低调,请辞了当红的院长助理职务,身归基本的教学工作。在物质上他信守古圣的操守——"有"就够了。减轻外在"物源"的影响,使得画家能够清晰地回归本我,直指心身。

体恤内在的感悟,以及体验式地处理自己的经历和生活,这是姜建忠的气质!

尤其在最近几年里,姜建忠一直在画一些以人为主题的画。这些正视的图像,好像一直沿用了《演算系列》的纪念碑方式:一种深厚的体积和简约的制作却又像化石那样的效果。

在这些画中,画家所关心的是画面制作过程中发生的起承姿态和视觉机缘。

比如这里介绍的几幅叫《解读戴安·阿勃丝》《白衣女士》《等待戈多》《女人体》或者《阳光男孩》的画。

根据画家的说法,《解读戴安·阿勃丝》是对一幅摄影作品的"取象";《白衣女士》是一个直观的记号式称呼;《等待戈多》是对一出著名荒诞故事的转用;《女人体》是一个反置标准的称谓;《阳光男孩》则是一个隐喻情结的时尚代码。然而这里所有的称谓都与当前的辨识"公共性"有关,它与画家的绘画运作没有关系。

在这些作品里,画的"脸"部始终是一个高地,是一个很能展示造型走势和结构传统的"东西"。画家那种不偏不倚的切割,简练极致的涂抹,整体把握的操作,使得画面内容超然于人物的塑造之上。比如人物眼鼻位置的取舍处理,手部延移的平面连接和体积推敲,多个形体之间的技巧式过渡,虚和实的精确叠置和交换。甚至能够近距离在作品中感到的微妙明暗、色相和结构与空间的细微调节,它们尤其深刻地留在了《等待戈多》《解读戴安·阿勃丝》的作品中。实际上这些效果只与画面的制作过程有关,没有任何的目的预期和经验先兆。

另一方面,姜建忠的起手具有老到的策略:一个从学院出来的人,能够快速简要地依从熟悉的技术和形象交代一手,这样的"表演"很能入"俗"。比如画家在制作上的设色、入笔的手法、干湿交替的技巧以及对"内容"来源的公共性交代——画家把作品叫作《解读戴安·阿勃丝》《白衣女士》,或者依从"时尚"的中性或公众角度接纳的性格角色变化的作品《阳光男孩》《等待戈多》等等。但是,这种"入俗"很快就从画面的诸多陌生元素中消失了,例如画面中的大块留白、含糊的界线表示、形体强弱的视觉处理,甚至只有简单带过的一些痕迹……

其中的《女人体》则是画家在直接指涉流行标准的情况下所做的一次特殊质疑。在姜建忠的作品里,人体几乎是一个空白,这张《女人体》是第一幅。在市场的流行环境里,人体通常是画在当旺的年龄上的,尤其是女人体,这里涉及审美的理想和欲望的归属，以及人对刺激的回忆和感怀。但是姜建忠却让它全部反置了，技术和选择对造型的无关，在这里成了一个典型。画家的工作完全只涉及当下的内心体验，造型就像是对画布和颜料在用心参悟中发生的，非常当下、直接。

直观地说，姜建忠从画布、颜料和画笔的交互中得到了造型的本原形相。由于着力于体验的交互和原"形"，在近二十年的时间里，姜建忠的生活"外观"几乎没有什么变化，原形的家庭，原形的运作，原形的节奏，两点一线的日常轮转……但是画家在认知上的成熟以及作品长足的进步却是令人敬畏的。包括油画之外获得1990年台湾金鼎奖的连环画《水浒》等其他作品，都有着同样令人惊叹的表现。这是以中国毛笔勾线打理，造型古咏幽默的作品，跨门类技术的老到，以及介入其中又轻松跨出的特征，应该来源于画家的明白和心悟，因此对于画家来说，技术门户的障碍是不会被留下的。

从作品的表演特征来看，画面效果是画家通过高度跳动的垩白实现的，这种利用材质的古老特性、普遍性和恒常性启动的做法，保证了画家的特殊感触。用色单纯、显色丰富，通过笔性的动作，画家表达了对绘画精锐的着力，包括女士的礼帽、裙衫、布料的皱褶，长者的衣领、面部等等。露底的暖灰是经过精心制作的，重点工作是在那些平整的大面积灰面上，底子的敦厚、反复以及渗透着七彩的效果就像"咒语"一般——那种反复吟诵、不图现求的机缘，用以应对突变的发生和神秘莫测的结果，尤其是当它被"经验"地留下来的时候。这种为选古咏的技法来源于画家的平静生活和恰当的体验方式。它们就埋在画家平凡无常的生活层面中，在看似简单和重复的"现象"对应中，在画家的精心料理和不期遭遇中。我几乎可以在任何时候随性地约见画家，和他喝上一杯茶，这样的惯例已经延续了非常长久的年份。令人感慨的是每次相见，交流几乎从不重复。姜建忠总是兴趣盎然，谈资绵延，发现不断。从早期的对峙式观点，到其后的人道泛化，以及现今的内省式体验，画家都不断地提示了心智成熟之路的不同接点。

同时，这些作品又是包裹着时间的，那些以比较而成立的内容细节，一直在左右着视觉的取舍和停顿，它们虽然容易辨识——比如衣领、领花、茶杯、沙发，但是它们只是点到为止。这种特征在画面的语境里，是一个整体的统筹，没有任何特别的能指跳动以及期待之外的建树引诱。作为一个日常的东西，它当然可以被很精心地对待，这种对待可以像精心透了的灰色底子，重重反复，型到绝位，俗归雅赏，冒跑顶尖，然而画家没有这样，戛然而止。在这里，姜建忠为我们点示了对于"适度"的古老传承，那种对于古往今来时间位移的清晰见证。画家说，他总在犹豫的状态中看着画面，看着那些已经存在的"痕迹"，进而眼睛一亮地来到了新的"天地"，从家的莘庄到学院的祁连山路上大路只是一种信息记号的标示，它是死的，它的成活就在于自己每一次走通的会意中。然而这种走通既是变化的又是"终止"

姜建忠作品——解读戴安·阿勃丝 No.8

的；它只有一次，它是流淌的、顺带的、刚刚发生的、边界不明的，也可能是损失体积的、前后错位的、浮起和沉下的，技术的着力与形象的特征没有"通常"的贯联性。所有的"交流"都是随着个人的时间体验去建立的——它们是尝试的、感性的、着意痕迹的、似曾相识的、相互影响的、来源断层的、行迹直达的，也可能是莫名其妙的……这里很难找到任何"形相"上的惯有依托，但却清晰地标示和维系着画家的心念和智力。

一直认为姜建忠的绘画，是绘画中的绘画。他的表达，是对语言的自体审视。这是一种需要用心，并且能够正视"资源"，同时给以恰当配置的过程工作。这种工作的关键之点，就是需要明白"当下"的所有与前置经历不是必然的关系。它们的走通总是会合着一种机遇、一种"缘分"，一种可以不断出现在任何"事物"上的可遇不可求的领悟。

遗憾的是这样的领悟不是每一个人在每一个时间和每一次"事件"上都会发生的，因为它首先不是一个技术复制的概念，其次不是一个学仿的仪表过程，再次也不是一个所谓收获和播种的线性证明，更不是一个引证流行和概念表述的词汇渠道。它的来源可以被我们当然、简单地归咎在任何事物的联系和引诱上；虽然从概念角度去理解，领悟的落实必然会发生在我们审视的任何一个视点上，但是在操作上，它们不会恰巧落在我们已经预料的一个结果上，至少在时间的个人特征上它是这样的……

在这里，取象的用意和结果已经非常无所谓了。也许一根火柴和一颗人造卫星的造像机缘是一样的,但是它们能否"再生"则完全取决于画家的智力,取决于画家的独有领悟,取决于画家能否在排空后的当下把握。套用一句话说:在虚空中往生。这里的"虚空"是一个个人时间操作度量的发端。

不清楚姜建忠为什么还在画人。

但有一点却是肯定的,对于画家来说,形相的"公众"缺失也许会阻止画家的"入世",但是它与画家的认知经历不是同一回事,尤其在对时间的操作使用上更是如此。

2007年12月

善意、肉身与视界

来自东北,生在夏天、白净壮硕的韩宇光,容易出汗。汗的水性特征,是在平衡画家的存在感,它带走了热量,也定格了画家内敛冷凝的风格。湿土属性的东北生态,更是造就了韩宇光缓慢、从容、悠长、专注的气质,还有他独特的艺术路线。

韩宇光认为绘画是可以计算的。也就是说,画面元素的确立,是可以通过推理获取的。这是一个可以充分细化的规则,是在足够践行后的一种抽象。学究地说,可计算性是个闭合的语汇系统。它是全称判断,大覆盖、不遗漏、边界清楚、不偏不倚、首尾衔接、自洽完整。

从论证的角度看,推理的演绎,操作必须严密,体用结合。不过,这种严密如果仅是读入,那就可能是"主观"的了,因为阅读必然是发生在界外的,它不属于"作品"本身。就像今天我们去读康德写于十八世纪著名的"三大批判"。

康德的探究,它的演绎路线和规则、条件结构和律令是和康德存在本身相关的，尽管康德被认为是在努力地拟建客观的思考方式。德勒兹就曾针对康德的思想说过："思想的平面除了内在于它自身，不能被嵌入其他任何对象之内。一旦思想被置于某种对象之中，思想就会退缩成工具化的概念，而统摄思想的对象则具有了超验性，凌驾于思想之上。"这是个逻辑上非常经典的自我相关性问题。今天，康德的肉身已经消失，因此可以说，我们打造的所谓康德是一个没有康德肉身的工具。巧合的是当代理论物理学家斯蒂芬·霍金也有过类似的看法，他说：意义只能存在于人类心智的架构内。

正是本着这样的意图，我们来考察韩宇光的画。

先看个性强劲的画家莫兰迪。莫兰迪的静物完全没有客在性，并且在经过万般摆弄后，形成了特有的视觉辨识度。莫兰迪的经验用哥特弗莱德·勃姆的说法：莫兰迪在他的"形而上"时期借用了这一异质，他着迷于塞尚对想象、构成和创造的拒绝。哥特弗莱德·勃姆的说法，实质上是把绘画的本质放在了画家肉身的践行里，这个践行就是画家肉身本体的实证经历和经验，不是表外。这种强大的至物归属感，实际上就是艺术表现的无法替代的个人性。当然"我们"这个复数的抽象称谓是不可能有效地去量化、分配并且生成对个体自身本洽的描述，以及在个体肉身中去区别视觉与思想在身心活动中的各自占位的。至少在今天的知识背景下，我们依旧无法获得足够的技术或辨识能力去分配个体肉身的实证本身，并且自由地组装出任意的东西。当然凭由想象拟化的自由组装，则是一个有关表外"文本"的另外话题。

韩宇光的绘画，则是一种更为积极的肉身姿态，他把对视觉的考察，回向到我本体的纯粹状态。在这里韩宇光不是想通过绘画去表现形式上的意义，而是直示本体。

在韩宇光不多的以树为主角的绘画中，那种自然特性的细节，是置于我身之外的能指，是依旧干扰画家进行提取和归纳的机会元素。能够感受的是，画家面对随时打乱的计划，择取了对象，在挡不住枝杈的散点天性中，画家限制了表现的无节操堆砌。也就是说，画家在择选的画语中，封闭了能指的发散，坚持了对内置规划的所指。在画家"看"来，外物活动与枝体生长之间，必需演化出相互的边界，并且协议地进入并置。这里的关键是怎样处理并到达形态所指的关系以及它们的分布。比如，绘画的进行是由时间切入的，它是磨合、互证所形成的连续的形态所指。但是，只有此刻才能决定全部事物的边界和位置，因为此刻作为时间的表达总是在空间的现在意义上才能取得结果。空间的任何延展、滞后，以及飘移，它们本身就是此刻的变数，时间性的，充满了不可预知性。所以多样个体并置，注定不会是一种稳态。也就是说，注定的形式总会经由事件的多向发生而解体，真实的观察也总在意外的斩获中丢弃了过去的次序。所指不断地被能指涣散，能指飞舞。这种泛立体主义的观察，大概正是韩宇光血藏回归简择形象的一个反置原因、所指决定。这也是我看这幅《一棵树的风景》的直观。

从绘画的表现形式看，韩宇光的视界，不属于自然，它是凝固的、恒定的、形而上的。他的起点就是抽象，一种在发生学意义上的由本体原因和存世信念带来的直观。就像太阳不是被讨论出来的那样，它就是一个绝对的直观。因此，对于韩宇光来说抽象的造物体才是最为"合身"的造型直观，这也喻指了审美的演化在个体派生的经历中所蕴藏的可能，比如对称性、循环性、次序性等等——一系列对抽离了表象之后的本性确认。一旦凝固了对象，不再指认表现，这里的指涉就是画家信仰的绝对空间。比如一副手套，一个搪瓷罐，一具木偶，一座哥特式建筑，一只花纹猫，一片瓷砖，一颗水果。这些物征的存在是确定的，不生变化的，它无论发生在哪里，或者终止在哪里。

于是画家的工作就是不断地去完成已经被确定的东西和它们的决定关系。比如，猫与桌腿的关系，水果、器皿与桌子边界的关系，搪瓷缸与玻璃的关系，建筑物与天际线的关系，清晰景物与视线模糊的关系，硬质物件与软性物体的关系，以及它们所维系的意喻。也就是说，当物体没有外显的侵略式触碰，它就会进入自律和规则的生态，存在也就有了相互而又永恒的保障。所以就韩宇光所给定的画面来看，物体的指认关系，是基于稳健的肉身条件的。相反，如果肉身不稳健，作品就有了危险，成了具有破坏力的妖孽。比如表现主义在二战生态里曾经到达的某种极端。而画家的责任就是去征服妖孽、消解危险、进而回向稳健的本身。

韩宇光作品——秋日的阳光

有意思的是画家最近两年所画的几幅变体画《有鹰的街景》。鹰是一个被引进的表观带有随机特征的动物。画家以鹰的介入，尝试寻找可视变化的意外效应，并且以此示现由陌生导入的震惊和对平衡的再发现。海德格尔在《科学不思想》中曾经说过，现实造成的震惊状态，恰恰可能把人与那个关涉于他的东西隔离开来，且这种关涉是以一种相当神秘的方式，通过自行隐匿而脱弃于人。有趣的是，海德格尔对互动的敏锐观察，正好与韩宇光的此刻策略不谋而合。画家通过现行的规划，与鹰的变化布局，发展了水平和纵向的视觉延异。在受控的异质导入中，画家在"关涉"的变脸中正悄悄地扩大地盘，并在先前的边缘或次要手法中，渐次趋正。

在这里想到了荷兰当代静物画家哈勒曼特。哈勒曼特也是一位执着地对人造物象进行坚定推绎的高手。哈勒曼特的推绎也是以个性的视点去消解时间带来的感性变化。他通过不变的罐式器皿、水果、食物、餐具、家具，精心地把器物空间关联成了绝对。不过在视觉的本体经验上，哈勒曼特的作品样式，似乎比韩宇光的要形而下一些。

在倡导急速甚至反单体目标为指向的当代，韩宇光和莫兰迪、哈勒曼特这些慢节奏的画家一样，以善意的理念，精心的渴望，在事件整体的细节链接中安稳地工作，而不是仓促任意地进入某种情绪意志支配的"群情狂舞"的世界里。从某种意义上说，这些画家是一群重视肉身价值的经验践行者。他们不会轻易地去追随虚拟甚至想象的极端意义，夸大表征的表外宣传。在更为宏观的量化层面上，百年甚至千年的时间也是不足轻易取义的，它的分母应该更大些。也只有在这样的观察下，我们才能理解韩宇光为什么把计算表意为绘画的母题，这也是韩宇光认定佛罗伦萨才是绘画真正中心源头的本体考证。

因此，通过肉身去冷静地探求人的认知恰当性，以及它的位置与边界，将远远胜过把激情和急速表意为形而上世界的无边狂欢而来的真实。这样的提点，对绘画乃至个体生命来说，确实是种善意的境界。

2017年6月7日

付铭的画

绘画如果不再以"形式"为佐，如果不再以"类型"是非，那么，绘画还会剩下什么？

如果画家明理于所剩的东西，并且洋洋洒洒之何作何为，那么，读者的权力又将移至何方？

在如此纷杂的画坛论争中，画家的权力到底何在？那么，画家是不是可以从"自身"相关的经历走向上孤注一掷，才能找到表达的确实存在。于此，当付铭进入了一个形态上已经熟透的题材氛围时，他实际上已借此靠近了上述的表达。

付铭说，如果像大多数人所认为的那样，题材的相似已很难体现个性了，那么，怎样去解释千百年来，人们老是为一个生死离别、悲欢离合的话题去寻找重新的表现？

实际上，当付铭的晚清女子，以一个个优雅的画面姿态出现时，一种精致的、软性的、带着缠绵悱恻的幽淡情调，已经把属于画家个人的东西带进了画面。

画家认为，音乐的流动效果和不可名状的迷幻色彩，是他求之以物的视觉希望。这种有着印象派外光风格的、恍惚而又飘动的陈述，为画家的个人"理喻"，提供了深远的背景感受——一种诗化的、浪漫风格的现代演示。

当然，对于付铭来说，表达最终是个人性的，那种与表达相关的东西，是会引出许多"理解之前的记忆"的。但是，只要能把心智的感觉推向更远的地方，那么，任何现存的表达，已足以把可能的"对峙"，展示为另一种景观。因为，艺术的悖论总是存在的。但是，它取决于我们的态度。

1993 年 12 月 5 日

俞晓夫的画

　　俞晓夫爱用褐色调子铺陈画面，沉稳的冷暖、精致的色阶，很是传统的。打从凡代克兄弟研制油画以来，这几乎是个不破的规矩。俞先生也爱在硕大的画布上留下一些看似随意的、与画面内容没有关系的"斑块"。这是一些没有典故的、带有画家个人游戏风格的东西。然而，画家总爱把这两种风马牛不相及的东西凑合在一起，并且起上一些十分古怪的名字。比如《我，轻轻地敲门——纪念海上画派四大师》《一次义演——纪念格尔尼卡》《红色早茶》《工作室》等等。

　　看来画家是调侃的，他在我们滤清后的趣味里，喜欢放上一些陌生的、容易引起感觉走向边缘的东西。画家有一幅题为《项羽的坐骑过江东》的画。画的是黄颜色浸润的肌理，以及一些不规则的隐隐可见的线条。在这幅画里，我们找不到任何与楚霸王有关的东西。面对熟悉的画名，我们只看到了一个没有熟悉形象的画面。看来，画家是有心的，他在隐去熟悉内容的背后关闭了回追时间的大门。以至当读者面对"希望"的画面，却不知不觉地陷入了"现时"的空白。换一种说法，在时间的线性特征被重视之后，"历史"是无法以现时的介入归入原貌的。应该说，在这一方面，画家是看到了存在于我们经验世界里的偏执。

当然，一旦关闭了回溯时间的大门，表达在尊重时间的情景中怎样才能回到内容？在另一幅题为《一次义演——纪念格尔尼卡》的作品里，画家试着做了回答。

这是一幅把不同的地域历史、种族年代混合起来的作品。在这幅画里，画家通过那些可以"实证"的东西，比如毕加索、小提琴、道路和那些无法归名的东西，类似褶皱物或"桌子""纸团"样的东西组合起来，表现出一幕荒诞的场景大杂烩。在画里，现时的内容是以画家设定的情景对峙来体现的。画家的这种设置为我们提供了两个方向的含意：作为传统样式的延伸，反观个人限度的指向。应该说画家通过把内容的时间维度变化为并置的空间平面，获得了图像的现时意义，这就是依存于图像的"能指"共生。

在试着辨明内容性质的同时，画家对视觉方面也做了相应的尝试。本文前面提到的画家惯用的随意性"斑块"在经历多年的变迁后，也已成了画家关闭三维视觉形式的大门。比如，在画家的《大提琴手》这幅画里，"斑块"还仅仅是阻断形象的虚设手段，但是到了《工作室》《红色早茶》这样的作品里，就成了非生命之物走向平面的通道。这些桌子、长衫、褶皱物般的道具不再向画面的深度推进，而是不断地加厚平展，远离服务于它的三维视界。尤其《红色早茶》里的桌子和居于画面中间长者的布衫，更有一种趋向浮雕而又远离物名本真的味道。

  特别值得一提的是，在阅读了画家的作品后，可以清晰地感受到画家的折中意味和建设风格，这种以适度为构架的方式，不但昭示了画家对信息和感觉的处理方式，也为画家作品的美学趣味提供了个性的展示。可以这样说，正是画家的这种个性，使得画家的架上风格总是以反省架上疏离已知的方式不断地展开的。他为我们提供了丰富的新生边缘。

1994 年 9 月 9 日

来自心灵的渴望

一身加长衣服,带着倦意的清瘦脸庞,像是倚在路边的狭长木桩,静静地,却直辣辣地插在你的面前。五年前见到他是这样,五年后见到他还是这样。

他的画是奇特的。一棵棵像是挂满"布袋"的大树,枝体怪诞、伸展奇诡。仿佛在试图摆脱那个令他十分不自在的空间。

然而,画家是自在的。在日本的五年里,他读完了名古屋艺术大学的美术课程,并且在1993年9月的包括三十一个城市的日本中部地方画展的展览上获得了第二大奖。在日本的惯例里,这项大奖是专门给那些具有日本国籍并且连续参展五年、深受日本画坛好评的画家的。这个由日本著名的美术文化协会创办的展览,几十年来先后向日本画坛推出了麻生三郎、赤松俊子、丸木位里、浜田知明这些已具世界声誉的画家。用日本著名的老一辈画家、美术文化协会主席冈田彻先生的话来说,即使在画家林立的日本画坛,姜建敏的绘画风格也是独特的。作为一位年逾八旬的长者,一位经历过二次大战以及战后整个日本文化崛起的老人,他的话多少意味了,在姜建敏的绘画形式和艺术感觉里,有着一种特殊的东西。

事实也是这样。在日本的五年,画家一面进修学位,一面拼命画画,短短几年里积累了一百二十多幅一米以上的大型油画。在这些画里,画家似乎在不断地重复一个耐人寻味的主题。可以说,在这些画里,画家画出了自己的感觉,画出了来自心灵深处的渴望。

从画面看,画家似乎不太关注形式的视觉标准,而是倾心制作那些个人意味的、弹性的、肉身化的、单个或成团的、带有变形和狂欲意味的东西。也就是这些东西,一方面显露了画家的潜意识经历,另一方面又以强烈的形象深深地影响着读者。不管这些形象是否与性有关,这些张牙舞爪的东西,总把一种深层的压抑,转化成生命中自闭式的迷幻和癫狂。

或许可以这样认为,在姜建敏的图像世界里,个体生命的终极感受才是重要的。在这些油画里,面向死亡是画家心力所致的焦点。在上百幅作品里,画家通过形象的演绎历程,展示了人对死亡的庞大困惑以及个体直面死亡的无知。不管画家画的是单个的树形人体,还是合群拥抱的混杂人身,那种沉湎于自身的迷幻体验,已经远远超过了"理性"的外在承受。尤其在画家的组合作品里,团伙肉身在走向消亡的通路里总是变得加倍癫狂、加倍自闭。正是这些宛如在炼狱里的"死亡之舞",才把画家盖入心理深层的感知转化为现实的昭示。画家的告诫是特殊的。然而，就是这些特殊的告诫，使得画家把生命运作中的文化成因看成了走向死亡的累赘。可以这样说，在这个日益一体化的星球上，无论你生活在什么地方，这种来源于"天意"的忧虑，总把人际疏通的渠道连在了深度的意识焦虑和关怀上。大概也正是由于这样的基态，姜建敏的画才为我们带来了类似马克斯·恩斯特和法兰西斯·培根式的希望。

1995 年 2 月 21 日

关于具象实验工作室

具象是一个基准认可,作为实验的状态语,它标示了这个实验工作室中画家们对自己表现特质的认知。

具象实验工作室是从上大美院衍生的作业团队,在与绘画传统相应的基础上,沿袭并变革出了自己的走向。在姜建忠具有"哲学"气质的绘画引领中,我们看到了这群画家对体验和存在的多元感知以及他们各具特点的观察能力。

在这个日益以分散来消解对抗的时代,聚焦式的姿态,显然过于生硬了。我们更多的是以自主体验去稀释规整的表外教化,进而回归个体的本真探索。我们尚处在一个剧烈变化的世界里,强劲的差异、对接后的分叉、深度的内视、自由跨界、异化的影响力、商业化中的个性衰减、共生共荣的敏感、前所未有的对陌生的觉察、飞逝流变的常识,以及碎片化的择取常态等等,唯有我们的母体"姿势"还是处在传统不变的扩散中。这正如对待李叔同的俗世与归隐,我们只是按照常规影响的择取做了众多的拼接和演绎,这里的致命套路是,在面团中兑入酵母,仅仅是我们希望获取特殊口感的结果。

姜建忠的绘画,更多的是在关注制作过程中的机缘和捕捉交会生发的经验痕迹,在生成有效和愉悦的视觉动能中,姜建忠给定的所有都是逐渐由个体细化中的尝试来反复成型的。因此,对姜建忠来说,持续的追踪只是个拟化感受的见证或者消解它的经历过程,所成全的是个体认知上的洞察能力,而不仅仅是那些已成定局的作品。就绘画的工具特性来看,姜建忠在一次又一次的持械介入中,以坚韧而又漫长的入观,努力探寻并觉察着碰撞的发生契机。贴附边界、进入机缘、品尝陌生、生化不为熟悉的东西,并以此去导向并生成结果,对学院出来的莘莘学子不啻是个外果,更有一些离经叛道的滋味。姜建忠认为,见证图像或者当下的境遇,不应该就是传统或者记忆中的生成复述,或者对历史的某种意向性回归,尤其在个人经验上,传统或者历史的呈现,通常仅是观察者体验觉察的一个借机或者开端。

石至莹,能把一块石头演绎得风生水起,彩光之玉的导向,其天意的正是她把变现的意义体达到了极端。石头的本性与画家的即兴把玩构成的看点,是一种赤裸裸的主体观像,虽然简单的石块被画家弄成了种种阵法,也被纷呈别致的共生姿态消解着自身的边界,但是这些由主观构造的可能,显然来自自然的启迪,但是这样的启迪却与自然的存在关系越扯越远了。

周胤辰,有一种奇特的直觉和内视能力。那种瞬间掠过的、被光影分解的，参差交辉、弥漫蜂拥的气氛，在她初始经验的形成中已经被集化和凝固，有意思的是画家没有任性地去过度展扬初成之后的演绎，而是保持着体验的本初，戛然而止。在这种维持瞬间聚合的感知以及平衡之中，在接近如如不动的状态中，依旧能够从画家的部分作品中感受到一些"硬性"的对抗动态。界外的生息似乎总在生起影响，当然，界外的生息应该升起影响。可问题是，这些影响是画家找寻本初的内视导向呢，还是每一次外界影响带来的体验，其本身就是一个本初？

潘文艳则把现实的细节，糅合进梦的弹性中，虚化的重力显然是以现实的东西作为陪衬的。有趣的是，画家在画中直接把现实向虚拟诱拐，并且大胆而又勇敢地挟持着现实直奔解体。

李溯的视点，艰险而下沉，他的图像总是停留在显而易见的危险诱导中，比如充分利用马戏场景中风险和刺激形成的看点。这种由制造艰险和感思体验带来的构成，实际是个意识或者心念问题。面对意识或者心念问题，李溯给出的解道，是把常态中险峻的风险，反向地普遍化。李溯认为我们能够看到和接受的只能是对失败的归纳，而且失败才是我们有效经验的生成机制，所以人生的旅行只能是失败，而且形成了屡败屡战的进阶。看上去李溯好像终极了判断，也佐证了失败是成功之母的格言。不过画家的逆势下沉或许只是一种姿势或者装扮，因为画家的行进还是择取的，也正是因为画家的择取，才会导致他的走向并没有离开传统太远。

汪一对内景空间特别专注，从几何组建的排比中，他为空间购置了信仰与世俗的双重内容。当然谁为先祖，他没有定论。但是通过画面的视觉提点，我们还是感觉到了情欲的次第明显要高于事物空间的其他内容。

马楠重视的是记忆，是与历史相关的"文本"记忆。在这样的体验长河里浪迹，传承的看点总是与画家的兴趣有关。在马楠的视觉经验里，残息和择取有着清楚的表外特征，有着利用现成资源结构作品的个性特点，比如她的一些肖像画，就有着姜老师那种鲜明的表外脉络。

黄菁菁的画，具有一种表面的华丽，萦绕的是悬浮活跃、像雾笼罩的氤氲气氛。色斑是个重要的看点，它并置在准确的写实元素旁。在肯定与不确定相应的对峙中，视点延移并淡化至实与虚的边缘，画面的动能在于显像和感知，而不是承袭或回归。这通常也是姜建忠绘画的一个传承。

被陶大珉凝视过的物体，就能平添一层光泽，物的内在被他轻松地注入了神性，即使是一双鞋子，一摞书籍，和几块堆垒起来的石头。能在常物中注入神性，往往依赖于画家特有的气质，以及表达的心性和对外物的敬畏，在此想到了由海德格尔所揭示的凡·高对矿工皮鞋的神一般的关注和解读。这也是姜建忠绘画的一种延续。

何龙生用"孤境"与"叠合"的方式阐述着自己的经验，他的画形式重于内容，轻置了重负后的活动，他的作品因此而显得放任、随性。

王倍祺则回归了日常，回到了最为平常的看点，在王倍祺的画里，人的存在仿佛只与简单的作息有关。

李晴艳则在近景空间中，细把文青脉络的推究。在方寸之间，在一个完全能够充足照应的空间里，这些静物的出现，仿佛被有机地整理过了。当有限与规整，成为一个可以摆布的条件策略时，方寸之外也许就难以被开放了。如果真是这样，那么发现的开口又会在哪里生成呢？

柳静惠有种直观的躁动情愫，那种迅疾跃过的气息，对理性是种压制，画面的情节同样也被无意义的内容重重影响着，不为准备的特征，犹如自由落体，敏感地掉在了图像里，稳定被变动和陌生稀释着。在柳静惠看来，日常只是一个充斥着不确定性和无聊的氛围，它们的针对性很差。

高清则以朴实的姿态，描画着大迁徙中熟悉的日常生活，跨代养育以及青壮年人负压的生存细节。画家强调的是与现实有关的肉身重负，以及编织在生活里的基本人情和物化了的现实指向。

任璐则对人的自恋特别敏感，在恋想的观感里，她给出了非常令人吃惊的描绘：仿佛整个世界就是人的背景道具。意义和价值被人之中心主义的氛围笼罩着。如果我们只能通过这样的方式把世界衬托出来，那么反向考量的审视还会存在吗？如果有，它们会在哪里呢？

肖江重头关注的是他结构的图式，那种带有后工业硬度的构成姿态。不过他的这种后工业硬度的图式与示现的主题、把孤立和人为的气氛渲染得特别极致，画家的视野依旧属于择取的导向。

庄婕把流动的笔意与写实的人形做了并置的表现，在配置上它们之间没有关联性，我们看到的仅是一张张熟悉的脸，和一派流淌的痕迹或肌理。互置并联是画家表现的全部准则，可以辨识和无法辨识，正是画家能够给出的所有注解，这也正是姜建忠绘画的一个鲜明特质。

袁崇寅在表现上能把白色运用得特别出挑，能把底子打造得非常便巧，在充分利用色彩对应的关系中，画面的视觉关系也被充分地调动了，建筑作为画家使用的惯性载体，也给画面保留了非常现代的形式意味。

游帅对自然的刻骨爱恋，生成了他天意的趣味，那种至理本质的倾诉，体现了画家更为整体的眼界，一旦为物去除了抠进的表象动力，铺陈的要素就会体现在舍远避近的视线中间，他把亨利·卢梭的精细传统给解构了。

杨子行的绘画，其形式正被慢慢地打开，语义的朦胧流转，带来的正是她经验的现状，这也许是一种与人的内在情绪或者神经特质有关的联系，能否走远，还是步近，一切尚在酝酿中。

走进具象实验工作室，在文本和图画的关联中闲逛，从散射在每一个自由画家的旅行碎片中经过。从比对人群业绩的高超欢

姜建忠作品——男人肖像

跃,到大自然静默沉寂绵延无声的观察;从琐碎的家事家务,到独立职业的坚强呼声;从细实委全的教化经营,到体验实证中发生的无常变化;从预想纷呈的虚质追求,到实验筛选的分类存储,所有坚实的剧本都是我们给自己带来的便利和策略。忽略的却是我们很难觉察的由无明生起的无休止延伸。然而,庆幸的是具象实验工作室的画家们正在用自己的独有方式试图走过这些很难觉察的无明荆棘丛,并且试图努力地去证伪它。

2018 年 4 月 28 日

深秋

骚扰阵阵

眼界摇坠

风萧萧带线的大力车轮

空气中有颤动的回声

探虚

灵盈和着枯萎

站在街心投向

新生的晚季

1988 年 11 月

文选读评

读《灵地的缅想》题外话

读完《灵地的缅想》，头脑一片空白。在长达几十小时的无言里，一种惆怅久久地笼罩着。

也许，这是一次深深的暗示，在生界和死界的交接中，它意味着"生命"难以理喻的另一边。

这一边是满满的，另一边是空空的；这一边千言万语千头万绪，另一边混混沌沌寸毫不理；这一边实体充盈，另一边虚无缥缈；这一边有形有迹，另一边无影无踪。面对这有形对虚无的状态，我们能思考什么呢？

当胡河清"清楚"地看到老子西出函谷那谜一般的象征时，对于存在的另一份非实的感触已经发生了吗！

那么，另一边是一种存在吗？

在以无定演绎有定的精神网络里，这份希望推给生命的又是什么呢？

也许，维特根斯坦对语言逻辑的解体在东方神秘主义的暗示中才能走得更深远。

也许，儒、释、道的最终参悟是一片生命洪荒的初景。然而，这本初景的最先，能有一个人用生命的实体去真正读懂吗？

也许，在向前、向前、再向前的生命探幽里，生命只是用知识的熵值在耗散自身，从而再一次回到初创的那一时刻。

当我们一再强调生命的某种体悟方式时，生命的直观已经以不确定的方式，早就行走在了这个世界的每一个角落。

然而，那些以几何级数想象并讨论的，果然是"生命"的全部吗？

也许，在每一个生命走向它的归宿时，另一个生命是无法看透它的。量子理论在承言观察几率特点时，那无法看透也就推进了霍金的重新思考。

也许最为原始的，是"我"根本无法看到的。

在以想象弥足的今天，这份看不到已经归藏到了我们的性格之中，消亡"我"，才是对另一份生命的寄语吗？

不是吗？实体粒子通过黑洞消失在虚空的隐形世界里，我们才得到了对于"虚空"的想象。老子消失在西出函谷的混沌秘境中，我们才从"道"的冥示中获得了"生"的思索。

胡河清身亡在文字堆积的历史痴迷中，我们才从死的直观中回忆起"生"的另一分光景。每一个观察者都是在"这"之后，才开始了属于自己的观察。也许马原的直觉是对的："你只要稍稍离开江岸，就会发现大路笔直，上下都很平坦……"

也许我们只能轮回，却也永远看不清轮回的现实究竟。于是我们需要忘却，忘却历史、忘却现实、忘却生、忘却死，忘却所有已经发硬的使命河床，从而在远行的忘却中转生？

但是，这永远错位的"践行"，它的交替，只在传递像"壳"一样的东西吗？我们只在开始和消亡的那一时刻才发现寄宿吗？如果真是这样，我们会心安理得吗？

1995 年 4 月

故事之外

读朱耀华的小说《视线与嗅觉》，偶有一得。

作者通过对我、继母和女友在特定感情世界里演绎的只属于他们自己的人生内容，做了多变的展示。这是一些可以多面感觉，却难以固定辨析的内容。在一如既往的精致里，朱耀华透过实境和置换的手法，把这种特定的男女关系编织在一张扑朔迷离的叙事网中。沿着这张叙事网，我们可以感受到许多突出的细节，感受到由这些细节所提供的既简单又迷杂的看点。

"生命，不要在天黑的时候变成遗体。移体：我从洗手间的这头移到另一头。"根据词意引出的变化是跳跃的，与含意断开的。但是这样的叙述则超脱了情节的原有结构，为小说叙述面的拓宽带来了机会。

这种隐藏在词意转折上的技巧，正是作家精心而又开通的一面，对于这种间离的写法，用传统的叙事标准去衡量，显然是不够的。

其实，沿着作品间隙去想象，这也是读者的权利。这好比音乐，对不同的人触发的是不同的感受。只是，此刻文字代替了音符。

不再只为迎合传统写作，这是作家担着个人思想积累而做的创作调整。不过，这样的调整也在不断地冒犯着读者的传统心理。于是对峙的状态正在成为文坛的一道风景。

1995 年 11 月 27 日

读张烨的诗《特洛伊木马》

"千万里赶来，会面／一个浪漫的传奇故事"。为故事而来，迎来的是一个先在的灌输，如同"特洛伊遗址：九个时代的古城／一层一层累积，就像／一个时代压着一个时代"。是故事的教义引发了传播，传播再度僵化为传奇，于是不断增添的此在，正是"我"在的整理，它构成了故事连向故事的宣讲时代。这正是诗人点到的抨击。

"在某个瞬间掉进了自身的命数。"诗人用忽然的转折，抨击了这种无状莫名的自画套路。并且通过"化为一片低矮绵延的谷田／零星几个村落"，把谷田、村落这些人生的事业境界植入到了一片低矮绵延的自然时空之中。然而顺着建制的发生，固化的情景自然地变异为习惯"如同忠于职守的士兵／执立于雪野，目光紧盯"，成就的傲气终于在技能上造成了"目光紧盯"，它锁定了视野，也沉重地排除了非"我"的存在。诗人尖锐地点睛了。

"一匹巨大的木马／木马以入侵者的雄姿／定格在荷马时代的

特洛伊","我"的眼界被"我"养育的"我见"关闭了。于是界外的"游客们起哄着涌入木马内部/踩着楼梯，开启一扇扇腹部小窗/向外面世界探首欢呼"，体验正以惯性的蓝本指向目标，变性的征服，拿着历时的经历变异为共时的舞会。"凝望木马就是凝望血与火的史页/凝望木马就是领略非凡的钻透率"，象形的尺码"将屠城元凶装扮成和平使者/将定时炸弹美艳成诱惑礼物/需要何等惊人的谋略/木马计将天真而贪欲的特洛伊城/轻易烧死在黑暗的睡梦之中"。诗人敏锐地感到，一切陈述，总将历史的行程定格为所指，它镜面般地刺眼。

"也许，为特洛伊复仇的正义之声/经年不绝，却始终未能摧毁/那匹小小的巨大的谦卑的高昂的木马"，宣教甚至仿效的背后，是终究不再被打开的所有。"木马阵行走——罂粟远征、远征、远征/病毒般流入芸芸众生"。固化的故事以及对历史生成的指向，就像毒品渗入肌体，源源不断，络绎不绝，不断放大。此刻诗人正站在人文背景之脊，反省并呢喃着。

2017 年 9 月 2 日

关于诗集《主观世界》

诗的冷落，就像爱的冷落，在这个城市里日渐强化。行迹匆匆的人们，在难耐寂寞的时刻，重归现实的风流。于是，延续的就是眼皮底下的斑驳世界了。

渴望对等的承诺，渴望体外的共鸣。诗的孤岛退位给了什么？精神世界，物欲横流。陈鸣华的诗集《主观世界》（百花文艺出版社出版）正是在这样的时刻，让我们从一个逐渐枯萎的精神世界里，重又看到了属于这个浩瀚天地、沧海一粟的个性景观。

诗人说："即使所有的人都离去了，像泡沫一样／被狂欢所追逐……／我不会悲痛，不会因不小心的烦闷抑制嘹亮的／夜色"。

对于隐喻为夜色的世界，是对一个完全剥离了想象和自由的个人处境的反思。在这个"壳"的世界里，个人十分弱化。个人的弱化以及试图宣誓为努力的奋斗，实质上正是这个高昂动人世界的反置。那么，在这个分叉明显的世界里，诗人又将与谁为伍呢。"我想跟你说一声告别……／就像当初你只带一把斧子／就闯

韩绍光作品——四叶草

入了莽莽的丛林"。诗人把自己归宿在大自然这个第一文本上了。于是面对潮流北岸的彼岸，诗人成了这个人满为患、遁迹强词世界里的孤儿。

"海滩据说是属于女人们的／因为女人们最善于等待"。用失怜甚至感伤的比喻描述处境，这是这个城市资本快速积累下，人之精神高度疲惫的悲剧，因为期待已经沦为空想。尤其当精神和物质的分化，还在深刻地刺激和分离着我们的传统以及未明的事物时。难以捕捉滞留物的当下，诗人的动能归向就主观了。这是终言在热爱生活、热爱人，甚爱大自然的具象人格上。那么对于现实呢？对于抑郁或者癫狂的现实呢？此时此刻正走在边缘的诗人，"他昂起头，以历史一样古老的凝视／默默想象另一片土地"。于是，处在此刻的我与想在彼刻的我，共同构筑了一种夹杂了想象，但是又无可奈何于现实的博弈境遇。

1996 年 6 月 10 日

南妮和她的梦

南妮安静、平稳,说话不多。一旦说起话来很有亮点。记得《漫步羊城》刊发后,她说:要把文章写得更空灵、更兼容一些。

对于一个勤于写作又经常自省的人来说,这是一个亮点。

伴随南妮的文字亮点,还有另一种东西,这就是南妮的精神世界。《一个梦撑一生》作为南妮的第一本散文集,很好地表达了她对人生的思索和体验。在这本林林总总、以事态感悟为主的小册子里,南妮率真地表达了自己的看法。

在南妮看来,人生是多变的、难以预期的,甚至是错位的。人生的"芳草地"总有意外。一个写诗的人,突然不再写诗了;一个现实的人可以用梦去撑一生。一个刚过三十的人,已经在想五十岁后的日子;一个不再年轻的人,将从孩子的举措中更正未来。这种从现实处境中引发的感叹,是源于生存的意志,还是生活的缘分?

也许,南妮的这份用心是一种奢望。因为它与现实总有一份不易把握的距离。"你刻意追求的东西或许终身得不到。而你不曾期待的灿烂反而会在你的淡泊从容中不期而至。"(《生命是一种缘》)也许,南妮的这份用心刚好弥合了人们通常的感受缺损,使得人们很容易地就可以从事物的这个面,转到它的背面。"站在船上的游客看到了与想象不一样的东西。"(《船儿慢慢开》)

也许,南妮的表达正是人生理解的机缘,它把事物的本质开放了。"谁都想在雪地里留下足印,可是没等到雪开始融化,脚印已经被脚印破坏了;人人都在努力地发出声音,而我们却听不到真正的声音。"(《平静中有激流》)在这自由穿梭、织补不断的感受天地里,思想成为主要的了。

在将近十年的经历里,南妮用这本内容纷呈的集子,向读者传递了自己的心声。我们可以感到,南妮是怎样从原发的同情逐渐演变到了对生命本质的反思,变化到了不再以结论而以感悟为基点的发现。

如果说,南妮的梦就是这样一份纪念,那么,这种对人性的关怀,已不再和现实的约定有关。应该说,南妮追寻的是一条自省的心路历程,一条有着宽阔人文背景的氤氲之路。

从另外角度看,南妮的这本随笔、游记、影评,甚至生活化的心语集,就像她安静地坐着和你聊天,轻松地就把你的期望带到了足以反省的边缘。事物的照应,在南妮的感受天地里融化了,化成了南妮独有的织体。面对这个织体,用梦的说法或许是准确的。因为,南妮从没有停止过她的思考和追求。

1995 年 8 月 17 日

囚犯的欲望和欲望的囚犯

"我是男人！书本里的男人在征服了少女之后就这样叫嚷起来了。"德令哈借助阅读才恢复了男人那份失去久远的对"权力"的想象。只是通过"虚构"才"成就"自己的男人，这个男人在现实中可能就是一个"囚犯"。由于男性"权威"在现实中的总体式微，在德令哈看来，他周围熟悉的始终是禁声不绝的、狂热的对欲望的压制者。在那个窒息的年代，德令哈从他有点意识开始，就知道父亲是个囚犯。此后这个囚犯的儿子在天昏地暗的日子里生活在索然无味的"囚笼"之中。小说从德令哈对性的萌觉开始，描画了"伊甸园"外的欲望者和他欲望受到压抑的生活。

依据于造物主的安排，男人或女人作为类的一半，在缺少另一半的日子里，会变得毫无色彩。生活教会了男人和女人去对等地渴望，对等地渴望对生命来说也许是"正直"的，然而，现实的"压迫"使得男人德令哈变得猥亵，现实在时间上是无法选择的，由于无法选择，德令哈只能"躲在帐子里，心提在喉咙口看

《少女之心》",只能依据想象去回忆和体验曾经看到的与欲望有关的东西……他过着隔岸观火的"囚徒"般生活。

女人,作为德令哈欲望的一个景观(在天意的视点上他是健康的),总体上是他给自己生活注入的希望。当德令哈发现"人还有情爱性爱之欢,还有偶遇春华秋实的果园"时,他好奇地回想着父亲干了那个丰满的女人,又用铲子割下了她的头颅。他时常渴望地看着女人胸前老是不停晃动的东西。他的压抑,使他在女人下体般的沟壑里跌成了"重伤",在女人打开的胸膛前莫名其妙地阳痿了。他困惑胖女人和她的那些共同吃喝的人要阉割下流者,在夜色的公共场所胖女人查到了他和祝月的偷欢。

德令哈与三个女人有关。

吴是一个单纯给他肉欲的女人,对她德令哈没有太大的留恋和期待,他们的关系是简单的可以过忘的。祝月这个有夫之妇不但给了德令哈肉欲,还带给了他肉欲之外的东西——诗和经典小说。这样,德令哈在他的欲望之前,阅读和想象成了他赢得期待的丰富前戏(德令哈的生活主要是以这样的方式不断延伸的,他和祝月的关系成了小说的重头笔墨)。他们的关系是复杂的,然而是充满期待而又不确定的。杨支书在没有给他写信以前,在他看来杨支书抚摸他脸颊的手是冰凉的。他们的关系是未明的和缺位的。

在缺乏交流的年代里,德令哈对女人的经验主要取自先验的阅读和断枝残叶的想象,这种阅读也先在地圈定了他的判断(收到杨支书的离别信后,德令哈才理会到杨支书对他的恋爱,同时他发现自己对杨的爱胜过对祝月的感情)。德令哈透过自己的生活,展示了他对现实的回望和无奈,他把自己过分地局限在想象的世界里,只能时不时地去摸一下这个令他诱惑的现实世界。他对未明情景的强烈期盼,以及那种至深压制下向外的意淫式窥视,使得他沽得十分地用心,不过很累,也很复杂。男人的他被深深地囚禁着。

如果过去时代的情景依旧是今天生活的影子,那么人对自己的现实处境将滑入圈套,因为人是不可能活在过去的(至少在现实层面上是这样的)。小说中德令哈的生活和小说文本的现实处境构成了我们眼前的错位。扭曲的德令哈在那封闭的年代里,还时不时斗胆地抚摸一下那个紧紧压住他的世界,显一显男性的主动。那么,人对历史的"借阅"是不是可以轻快地离开旧有的影子远一些呢?仅仅"考古"是不可能复原历史的。我们去看已经过去的历史用的只能是现在的眼光!

在今天看来,个人生活的价值就是去明白限制和打开的现实结果。个人的操作和需求已经凸显在以个人身份参与的群体"语境"中了。个人只有在现实中,去建立不断延伸的实践"平台",才可能使自己的生活变得直观而又轻松。

尽管最后德令哈考取了大学,在看似解脱的机会里,德令哈实际上又陷入了期待的另一次欲望中,又开始了他继续期待的生活。德令哈的交流始终是单向的、隐蔽的、个人的,但它是充分的、延续的、充满期待的。在期待的过程中，德令哈是很"优雅"的。此刻，我想到了一个在美国生活的有些与常人不一样的女人 Erica Jong，和她的自传体小说《我挡不住我》，我也想到了另一部我们非常熟悉的荒诞剧《等待戈多》。两种感觉的交织，让我介入了对程庸《手洗时代》第二部的期待。

因为在这些年代里，"德令哈"的欲望已经不再容易受到压抑；相反，满足的欲望倒使当下的"德令哈"很容易地成为欲望的囚犯。作者在欲望的自由时代，通过对欲望受压抑历史的解剖，巧合地点题了这个快意时代对欲望的重振。这，也许正是《德令哈囚犯》介入时下语境的一次企图复兴男性意识扩张力的展示。

2002 年 3 月 11 日

现代的手段古老的心

　　程勇的诗集《蓝鸟》，最近由百花文艺出版社出版了。程勇说，他写长诗《蓝鸟》长达四年，大大小小的修改不计其数。用时间或者思想的酝酿去想程勇的话，这时间便是成熟的代价。

　　追索生命与思想的原生态，这是诗人的指向。意味深长的语言，总是源于最初的真诚。这真诚成为诗人最初的写照。"我注定承受这隐约的笼罩／承受额前的一片黑云／……我无奈以我的单纯和迂腐／以毕生的情感铸造礼品"。

　　在重拾历史的过程中，诗人心中的感受总是厚重的。它直接反映了过往历史给予个体的压力。虽然对这压力的反拨，通常是理论上的、语言化的，但是在构成生命活动的过程中，它们同样成了希望的操盘手。

　　"踏遍阳春的绿野／在繁华的市镇奔走／已被劫持的原始光芒／和高尚的品格／成为商贾人和粉女子的佩挂／成为媚俗和卑微的通行证／高尚成了墓志铭"。

对目标追求的丧失，正是诗人现实的忧虑。诗人惋惜地感叹："荒山野草消失了 / 孤独的黄狗消失了 / 雨后的家园消失了 / 哺乳的河岸消失了 / 伸向秋月的树茎消失了 / 青铜的历史消失了 / 文明的塔楼消失了 / 天然的庙堂消失了"。在诗人看来，自然消失、迷茫失落的世界，才是诗人期待更新的依据。

用文化的积淀再造文化的新楼，这是诗人的希望，也是诗人的失落点。诗人在看到"天籁渐渐消逝"的当口，也听到了"一声悠远闪亮的哀鸣 / 融化星际"。起始与归宿的分化，深深刺痛了诗人。

在历史沿袭分化与依旧局限的今天，留给诗人的依旧是谜一样的世界。对于这样的谜，能够光芒四溢的依然是诗人的心理视点、距离和角度。程勇用着现代的手段，现代的手段里却潜伏着一颗古老忧伤的心。

1995 年 7 月 17 日

无题

在紫褐的脊背

投视遥远的洪流

没有动感

希望去

带顶的暮蓝

一抹干枯的金色

退回守纪

凝寂消影和着冬眠

一颗进入夏暑的三叶虫

1988 年 11 月 27 日

后记

收入本书的是从几只旧抽屉和电脑文档中捡出来的琐碎，多数刊发过。

写作对我是件分外事。不求名望，不为五斗米码字。只缘一点好奇才撬动了这份易于不安的心念。靠脑弄事，常常被逼着去啃知识，去体察事物。天马行空，干扰日常，破败规矩，也会惊心动魄，寝食两忘。在好名义上，讲的是追求；在坏名义下，说的是折腾。好在心甘情愿地，活在这种捣鼓里已经三十多年了。生性世俗，情藏理外，还有梦想中一直无法抵达的神秘彼岸。

感谢朋友的宽恕，感谢家人的理解，感谢耀华、晓晖的真挚和帮助。

2018 年 10 月

图书在版编目（CIP）数据

视听拾碎 / 李静方著.——上海：文汇出版社，2019.4
ISBN 978-7-5496-2809-4

Ⅰ.①视… Ⅱ.①李… Ⅲ.①随笔－作品集－中国－当代
Ⅳ.① I267.1

中国版本图书馆 CIP 数据核字（2019）第 050775 号

视听拾碎

著　　者　李静方
策　　划　朱耀华
责任编辑　徐曙蕾
特约编辑　甫跃辉
装帧设计　张志全

出版发行　文汇出版社
　　　　　上海市威海路755号
　　　　　（邮政编码200041）

照　　排　南京理工出版信息技术有限公司
印刷装订　上海巅辉印刷厂
版　　次　2019年4月第1版
印　　次　2019年4月第1次印刷
开　　本　889×1194　1/32
字　　数　100千
印　　张　7

ISBN 978-7-5496-2809-4
定　　价　35.00元